Charles C. Ryrie

HAUPTSACHE GERETTET?

Was Errettung bedeutet

Charles C. Ryrie

HAUPTSACHE GERETTET?

Was Errettung bedeutet

Wie werden wir entfliehen,
wenn wir eine so große Errettung missachten?
Sie hat ja den Anfang ihrer Verkündigung
durch den Herrn empfangen und ist uns von
denen bestätigt worden, die es gehört haben!
Hebräer 2,3

In bleibender Liebe und Dankbarkeit widme ich dieses Buch meinen fünf Ältesten, die mich führen und über mir wachen; meinen Kindern, die mich lieben und unterstützen; und dem weltweiten Kreis besonderer Freunde, die mich ermutigen und für mich beten.

Bibelzitate nach der Revidierten Elberfelder Übersetzung.

Ryrie, Charles C.: Hauptsache gerettet

ISBN 3-89436-175-1

Titel des englischen Originals:
So Great Salvation - What it Means to Believe in Jesus Christ

Übersetzung: Peter Schäfer von Reetnitz
Satz: CV Dillenburg
Umschlaggestaltung: Eberhard Platte, Wuppertal
Druck: Ebner Ulm
Printed in Germany

INHALT

Vorwort zur deutschen Ausgabe 7
Vorwort von Warren W. Wiersbe 9
1. **Gnade - was ist das?** 13
2. **Was die Sprache des Evangeliums wirklich bedeutet** ... 19
3. **Spiegelfechtereien** 27
4. **Was ist das Evangelium?** 37
5. **Entweder fruchtbar oder ohne Glauben?** 45
6. **Gibt es fleischliche Christen?** 59
7. **Natürlich ist er der Herr** 69
8. **Das Nadelöhr** 81
9. **Kehre um! Wovon?** 91
10. **Jünger gibt es in allen Größen und Formen** 105
11. **Es ist nicht leicht, zu glauben** 121
12. **Der Urteilsspruch: Nicht schuldig** 131
13. **Heilssicherheit - Heilsgewissheit** 141
14. **Er führt viele Söhne zur Herrlichkeit** 151
Heilsnotwendige Herrschaft Christi? (Exkurs) 161
Anmerkungen 171
Bedeutung der Schlüsselworte 178
Bibelstellenverzeichnis 183
Stichwortverzeichnis 189

VORWORT
ZUR DEUTSCHEN AUSGABE

Über das kostbare Geschenk der Errettung zu schreiben, ist an sich schon Grund genug für ein Buch. In bestimmten Zeiten jedoch, in denen Versuche gemacht werden, das Evangelium zu verändern, wenn nicht gar zu verfälschen, kommt einer biblischen Analyse dessen, was Errettung bedeutet, wieder neu besondere Bedeutung zu. Charles Ryrie ist auch dem deutschen Leser mittlerweile seit längerem bekannt für sein geradlinieges bibelorientiertes Denken. Wie nicht anders zu erwarten, gelingt es ihm auch bei dem grundlegenden Thema unseres Heils in Jesus Christus in leicht verständlicher Weise das biblische Gedankengut zu entfalten. Das geschieht etwa dann, wenn er z. B. die zentralen mit dem Heil verbunden Begriffe wie Sünde, Buße, Glaube, Rechtfertigung usw. entschlüsselt und auf den Punkt bringt.

In diesem Buch geschieht dies allerdings im Gegenüber zu einer gegensätzlichen Position, der sogenannten *Lordship Salvation* (Errettung durch Herrschaft), die hier in Deutschland noch wenig bekannt, aber inzwischen durch verschiedene Bücher von John MacArthur, einem ihrer engagiertesten Vertreter, Eingang gefunden hat. Es liegt keineswegs in unserer Absicht die Debatte in den USA darüber in Deutschland aufzugreifen. Deshalb sollte der Leser sich beim Studieren dieses Buches nicht dadurch irritieren lassen, wenn er an einigen Stellen den Hintergrund der Debatte in den USA erahnt, er sollte sich statt dessen auf die eigentliche Sache konzentrieren, um die es in diesem Buch und für jeden Christen vorrangig geht: auf dem sicheren Boden des Heils in Christus zu stehen, so wie wir es aus der Schrift heraus klar erkennen können. Zuweilen leuchtet aber die Wahrheit gegenüber der Verfälschung besonders hell auf. Deshalb mag es durchaus ein Vorteil sein, wenn die Lehre von der Errettung in diesem Buch auf dem Hintergrund einer lehrmäßigen Auseinandersetzung wiedergegeben wird. Darüber möge sich der Leser jedoch ein eigenes Urteil bilden.

Der besseren Verständlichkeit wegen haben wir aber doch den Übersetzer gebeten, in einem kurzen Exkurs in sachlicher Weise einen Überblick zu geben zur Position der *Lordship Salvation* und ihres Vertreters John McArthur. Der Leser, der sich also doch gerne ein Stück informieren möchte, findet in dem Exkurs auf Seite 161-169 dazu entsprechende Hinweise.

Wir wünschen dem Leser, dass er sich durch die Ausführungen in diesem Buch seines Heils in Christus überhaupt erst oder auch wieder ganz neu gewiss wird und von ganzem Herzen seinem Retter und Erlöser Jesus Christus Dank erweist, indem er ihm mit Hingabe aufopferungsvoll dient, damit verlorene Menschen in den Genuss ewigen Lebens kommen können.

Der Verlag — im Oktober 1998

VORWORT
von Warren W. Wiersbe

Ich empfehle dieses Buch wegen seines *Themas* und wegen seiner *Absicht*, denn beide sind von grundlegender Wichtigkeit.

Das *Thema* ist die ewige Errettung, eines der größten Themen, die jemals das Sinnen des Menschen herausgefordert haben. Verwirrung über die Errettung bedeutet eine Katastrophe, denn die Botschaft des Evangeliums ist eine Angelegenheit von ewigem Leben oder ewigem Tod. »Was ist das Evangelium?« ist keine akademische Frage. Sie beeinflusst das Schicksal jedes verlorenen Sünders ebenso wie die Wirksamkeit jedes bekennenden Christen und jedes Dienstes, der darauf ausgerichtet ist, Seelen zu gewinnen.

Dem Buch unterliegt die *Absicht,* Sicherheit zu vermitteln. Charles Ryrie hilft zu verstehen, was Errettung ist und wie Gott dieses Wunder in unserem Leben wirkt. Er zeigt, wie wir von unserer Errettung überzeugt und uns gewiss sein können, dass uns bei Gott vergeben ist und dass wir für den Himmel bestimmt sind.

Dieses Buch ist nicht nur wichtig, es ist auch *zuverlässig.*

Zunächst: Der Autor ist ein Theologe, der im Bereich seiner Studien zwei Doktorgrade errungen hat. Er hat wirkungsvoll an der Theologischen Fakultät eines der führenden evangelikalen Seminare Amerikas gedient und ist weithin als Lehrer, Prediger und Autor bekannt und geschätzt. Der Leser wird Dr. Ryries sorgfältige Auslegung und seine klaren Erläuterungen biblischer Texte schnell würdigen.

Als erfahrener und erprobter Gelehrter zitiert Dr. Ryrie sorgfältig und genau aus einer großen Zahl von Autoren, aber die letzte Autorität bleibt für ihn stets das Wort Gottes.

Der Zyniker Ambrose Bierce bezeichnete das wissenschaftliche »Zitieren« einmal als »die irrtümliche Wiederholung der Worte eines anderen«. Dr. Ryrie ist ein allzu erfahrener Gelehrter, um diesen Fehler zu machen. Man kann diese Seiten vertrauensvoll lesen, denn sie sind nicht von einem Amateur geschrieben worden.

Seine außerordentliche Kenntnis des Wortes Gottes befähigt Dr. Ryrie, das Thema »Errettung« in ausgewogener Weise darzulegen. Er erinnert daran, dass »Jüngerschaft« nur einer von *vielen* Aspekten des christlichen Lebens ist, die wir in der Bibel finden. Und er warnt davor, sie vom »ganzen Ratschluss Gottes« zu trennen, weil das zu ernsten Missverständnissen führen könnte. Er rückt die Dinge ins rechte Licht, wenn er die Beziehungen zwischen Glaube und Werken, zwischen Rechtfertigung und Heiligung, zwischen Sohnschaft und Jüngerschaft beleuchtet.

Schließlich schreibt Dr. Ryrie demütig und gütig. Er überbewertet nicht, was von einigen Extremisten zuvor dargelegt wurde. Er erläutert das Wort Gottes vielmehr ruhig und logisch und sucht mögliche Verwirrungen zu klären. Dabei begegnet er rohem Dogmatismus mit Freundlichkeit. Dr. Ryrie sagt nicht wie *Gratiano* in Shakespeares *Kaufmann von Venedig*: »Ich bin Sir Oracle, und wenn ich meinen Mund öffne, hat kein Hund zu bellen!« Er will dem Wort in 2. Timotheus 2,24-25 gehorsam sein: »Ein Knecht des Herrn aber soll nicht streiten, sondern gegen alle milde sein, lehrfähig, duldsam, und die Widersacher in Sanftmut zurechtweisen ...«

Als R. J. Campbell 1907 sein Werk *Die neue Theologie* veröffentlichte, da wurde das zwar populäre, aber irreführende Buch von dem britischen Theologen P.T.Forsyth mit einer Fotografie verglichen: »eine schlechte Fotografie, überbelichtet und unterentwickelt«. Ach, es werden viele »schlechte Fotografien« veröffentlicht in diesen Tagen! Darum bin ich besonders dankbar für ein Buch wie *Hauptsache gerettet*, das ein dem Evangelium entsprechendes »Bild« zeichnet, mit Klarheit, Genauigkeit und geistlicher Reife. Ich bete darum, dass Gott diesem Buch eine große Verbreitung und fruchtbare Wirksamkeit schenken möge.

1

GNADE - WAS IST DAS?

*»Wo aber die Sünde überströmend geworden, ist
die Gnade noch überschwenglicher geworden.«*
Römer 5,20

*»Seid aber zueinander gütig, mitleidig,
und vergebt einander, so wie Gott in Christus
euch vergeben hat.«*
Epheser 4,32

*»Gnade, Gnade, Gottes Gnade,
Gnade die reinigt und die vergibt,
Gnade, Gnade, Gottes Gnade,
Gnade ist größer als all uns're Sünd'!«*
Julia H. Johnston

Gnade - das ist ein Konzept, das nur sehr schwer, vielleicht sogar unmöglich zu verstehen ist.

Während meiner Studienzeit hatte ich beim YMCA[1] die Aufgabe übernommen, in der Unterstadt mit Kindern aus der unteren sozialen Schicht zu arbeiten. Dabei verbrachten wir den Freitagabend stets in einem Lager am Stadtrand, wenn das Wetter es zuließ. Wir stopften vierzig bis fünfzig Kinder in einen Bus, fuhren zum Lager, organisierten Spiele und genossen das gemeinsame Essen im Freien. Bei besonderen Gelegenheiten blieben wir zum Schlafen die Nacht über dort und kehrten erst am Samstagnachmittag nach Hause zurück. Diese Übernachtungsausflüge waren gewöhnlich eine Belohnung für die Kinder, die in unseren wöchentlichen Bibelstunden gewisse Anforderungen erfolgreich erfüllt hatten. So waren es ganz besondere Kinder, die über Nacht im Lager bleiben durften, nachdem die anderen heimgefahren waren.

Eines Freitagabends - genauer: am frühen Samstagmorgen - erwachte ich, aufgeschreckt von einem unerklärlichen Geräusch. Schnell stellte ich fest, dass sich ein paar meiner Schutzbefohlenen aus dem Schlafsaal geschlichen hatten und zum See hinabgegangen waren. Sie hatten eines der Boote genommen und belustigten sich übermütig weitab vom Ufer. Das verstieß nicht nur gegen jede Regel, es war außerdem gefährlich. Als die Kinder merkten, dass ich sie gesehen hatte, kehrten sie unverzüglich ans Ufer zurück. Wie Hunde, die den Schwanz einziehen, gingen sie kleinlaut wieder in ihre Betten und fragten sich wohl, welche Strafe sie am Morgen erwartete.

Es war mir jetzt unmöglich, wieder zu schlafen. Noch am vergangenen Abend hatte ich zu den jungen Leuten von der gegenseitigen Vergebung untereinander gesprochen. Als ich nun in diesen frühen Morgenstunden ziellos umherwanderte und darüber nachdachte, wie mit ihnen zu verfahren sei, kamen mir immer wieder meine eigenen Worte vom Abend zuvor in den Sinn. Sie ließen mir keine Ruhe.

Wenn ich sie ungeschoren lasse, so sagte ich mir, *dann wird ihnen niemals klar werden, wie ernst das ist, was sie getan haben. Ich bin den »Young Men«*[2] *dafür verantwortlich, dass ihre Regeln hier unter allen Umständen eingehalten und Übertretungen bestraft werden.*

Je mehr ich aber mit mir selbst stritt und zum Herrn rief; je mehr ich über eine Reihe hier anwendbarer Bibelverse nachdachte (und dabei in dieser Nacht erneut entdeckte, dass man mit einem Bibelvers beinahe alles beweisen kann), desto größer wurde mir Epheser 4,32: »Seid aber zueinander gütig, mitleidig, und vergebt einander, so wie Gott in Christus euch vergeben hat.«

Aber, Herr, ich kann ihnen nicht vergeben; sie verdienen es nicht.

Ich verdiente es auch nicht.

Aber, Herr, ich muss doch die Einhaltung der Regeln erzwingen.

Oh Herr, ich bin ja so froh, dass du das bei mir nicht getan hast.

Aber, Herr, wenn ich zu gütig bin, dann werden die Kinder denken, ich sei schwach.

Ich habe nie gedacht, dass du schwach seiest, nur liebevoll.

Aber, Herr, zuerst müssen sie versprechen, dass sie so etwas nie wieder tun werden, dann will ich ihnen vergeben.

Es ist nur gut, dass du das nicht von mir verlangt hast, sonst wäre mir niemals vergeben worden.

... wie Gott mir vergeben hat.

Wie war das? Keine Bedingungen oder Versprechen im Voraus. Keine Forderungen für die Gegenwart. Keine Vorhaltungen im Nachhinein.

Aber, Herr, du bist Gott - du kannst alles.

»Du bist mein Kind«, sagte er. »Mach' es mir nach.«

Und so sagte ich dem Herrn mit sehr großem Widerwillen und mit sehr kleinem Glauben, ich wolle es tun.

Am Morgen sprach ich mit den Kindern.

»Ihr habt da etwas ganz schreckliches getan. Das hätte katastrophale Folgen für euch haben können, für eure Familien, für die ›Young Men‹ und für mich. Aber ich vergebe euch bedingungslos und vollständig.«

»Sie scherzen«, sagten sie. »Da ist doch irgendwo ein Haken.«

»Nein«, blieb ich dabei, »euch ist vollständig vergeben.« Und dann erzählte ich ihnen, was der Herr in dieser Nacht über seine Gnade zu mir geredet hatte und wie ich mir wünschte, dass sie eine Kostprobe dieser Gnade erhalten sollten.

Ich ließ sie an diesem Tag nicht einmal aufräumen. Ich tat es selbst, denn ich wollte nicht, dass sie dachten, sie könnten sich auch nur ein klein wenig dieser Vergebung verdienen.

Was war die Folge? Solange diese betreffenden Kinder in meine Stunden kamen, waren sie (soweit das bei Kindern in diesem Alter überhaupt möglich ist) der Inbegriff von Tugend, Hilfsbereitschaft und Nützlichkeit. Niemals haben sie diese Gnade ausgenutzt.

Gnade ist in der Tat ein Konzept, das nur sehr schwer, vielleicht sogar unmöglich zu verstehen ist.

Wenn für diese Kinder ein einzelner Gnadenakt schon schwer zu begreifen war, durch den eine einzige Sünde einer Nacht vergeben wurde - wieviel schwieriger ist es dann für uns, die Gnade Gottes zu verstehen, die uns alle unsere Sünden an jedem Tag und in jeder Nacht vergibt - ohne Vorbedingungen, ohne Werke und ohne Vorhaltungen?

Wir können aus dieser Erfahrung einige wichtige Dinge über die Gnade lernen.

Erstens: Gnade ist unverdiente Gunst. Als kürzeste Definition für den Begriff der Gnade mag dies genügen. Es gibt ausführlichere Darlegungen; um es aber auf die einfachste Art zu sagen: Gnade ist unverdiente Gunst. Sie ist unverdient von Seiten des Empfängers. Sie ist unverdient und unverdienbar. Diese Kinder hatten keinen Anspruch auf meine Gnade. Sie waren im Zustand völliger Entgleisung. Was auch immer ich tun würde - es entspräche nicht irgendeinem Verdienst, den sie haben könnten (denn in dieser Hinsicht hatten sie kein Verdienst). Noch hätte es eine Belohnung für irgendetwas sein können, was sie gut gemacht hätten (sie verdienten nur Strafe). In dieser Nacht war meine Gnade reine, unverdiente Gunst.

Zweitens: Gnade ist nicht billig. Gnade ist vielmehr etwas sehr Teures. Sie ist kostenlos für den Empfänger, aber sie ist sehr kostspielig für den Geber. Man könnte nur dann sagen, Gnade sei nicht sehr kostspielig, wenn der gewährte Nutzen dem Stifter der Gande nicht viel kostet. Meine Vergebung in dieser Nacht kostete die Kinder nichts. Mich kostete sie eine Menge quälender Gedanken und Seelenübungen - nichts im Vergleich mit dem, was unseren Herrn die Gnade kostete. Aber es erscheint beinahe lästerlich, das Wort *billig* in einem Atemzug mit der Gnade Gottes im Rettungswerk Christi zu nennen. Sie kostete unserem Herrn Jesus das Leben. Man kann die Gnade beleidigen, zurückweisen, darauf herumtrampeln oder sie verunehren, aber all das schmälert nicht ihren unschätzbaren Wert.

Drittens: Es ist nicht leicht jemandem zu glauben, der Gnade anbietet. Diese Kinder waren verblüfft, als ich ihnen das Gnadenurteil verkündigte. Sie konnten nicht glauben, was sie gehört hatten. Warum sollten sie auch? Vom ersten Tag ihres Lebens an waren sie wie wir alle in einem System erzogen worden, in dem nach Verdienst geurteilt wird, in dem die Annahme von der Leistung abhängig ist. »Handle nach Vorschrift, und du wirst belohnt werden. Versage, und du wirst bestraft werden.« Diese Art Verdienstsystem durchdringt das ganze Leben und die meisten Religionen. Es ist nicht leicht, jemandem zu glauben, der behauptet, uns Gutes tun zu wollen, das wir nicht verdienen.

Menschliche Werke sind wie Schmarotzer in Gottes Gnadenwirken. Sie beginnen ganz klein, aber wenn man nicht Acht darauf hat, dann können sie das ganze Gefüge zu Fall bringen. Und was sind solche Werke? Alles, was ich tue, um irgendein Verdienst zu erzielen, sei es wenig oder viel. Die Taufe kann ein solches Werk sein, wenn ich sie nicht als eine wichtige oder gar notwendige Folge meiner Errettung betrachte, sondern als eine Handlung, die dazu dienen soll, errettet zu werden. Es bleibt ein menschliches Werk auch dann, wenn ich darauf bestehe, dass mir Gott den Wunsch eingegeben habe, zur Errettung getauft zu werden.

Dasselbe gilt für Hingabe. Wenn Hingabe etwas ist, was ich als Handlung des Glaubens tun *muss*, dann ist sie ein menschliches Werk. Dann ist die Gnade verwässert worden bis hinab zu dem Ausmaß, in dem ich mich tatsächlich Gott hingebe.

Viertens: Empfangene Gnade verändert jemandes Leben und Verhalten. Diese Kinder zeigten, obgleich sie zuvor wirklich nicht schlimm waren, eine Reihe von Veränderungen in ihrem Leben. Ihre persönliche Beziehung zu mir wurde sehr viel stärker. Sie folgten mir wie Hundewelpen, stets bemüht, alles zu tun, was sie konnten, um mir zu gefallen. Und sie hatten neue Einsicht in die Liebe ihres Heilandes gewonnen.

Das Evangelium ist die Gute Nachricht von der Gnade Gottes, die vergibt und ewiges Leben schenkt. Halten wir dieses Evangelium, das so voller Gnade ist, fest, damit kein Raum für anderes bleibt - für Beifügungen, die die wahre Gnade Gottes verwässern oder verunreinigen könnten.

2

WAS DIE SPRACHE DES EVANGELIUMS WIRKLICH BEDEUTET

»Lass die Reden meines Mundes und das Sinnen meines Herzens wohlgefällig vor dir sein, HERR, mein Fels und mein Erlöser!«
Psalm 19,14

»Strebe danach, dich Gott bewährt zur Verfügung zu stellen als einen Arbeiter, der sich nicht zu schämen hat, der das Wort der Wahrheit in gerader Richtung schneidet.«
2. Timotheus 2,15

Eine gute Wortwahl ist wesentlich, wenn wir das Evangelium klar und genau verkündigen wollen.

Ist Semantik wichtig?

Wie oft habe ich die Erwiderung gehört: »Das ist doch nur eine Frage der Semantik.« Meiner Erfahrung nach wird sie gewöhnlich von Studenten gebraucht - sie benutzen sie als Verteidigungsmechanismus, um eine schwache Antwort auf eine Frage zu rechtfertigen. Für gewöhnlich fordert diese Frage eine sorgfältige Bezeichnung oder Erklärung der Bedeutung, die einer biblischen Lehre oder einem biblischen Begriff unterliegt. »Eine Frage der Semantik« soll vermutlich unklares, verschwommenes Denken und mangelhafte, wenn nicht falsche Wortwahl entschuldigen.

In Wirklichkeit ist das Verständnis von der Bedeutung der Worte keine Entschuldigung, sie ist auch nicht nebensächlich, sondern sie ist vielmehr der Hauptpunkt. Das richtige Verständnis der Worte erfordert das sorgfältige Studium ihrer Bedeutung. Es führt nämlich unweigerlich zu Missverständnissen wenn man Worte benutzt, die nicht exakt die Bedeutung dessen deutlich machen, was man auszudrücken versucht. Wenn Semantik die Beachtung der Bedeutungen ist, dann muss man bei jedem Verständigungsversuch die Semantik wachsam im Auge haben.

Wenn beispielsweise ein Notar einen Vertrag aufsetzt, dann muss er seine Aufmerksamkeit sehr sorgfältig der Semantik widmen. Die Wahl der Worte kann darüber bestimmen, ob der

Vertrag im Streitfalle eingehalten werden muss oder gebrochen werden kann. Die Bedeutung der Worte - die Semantik - bildet die Grundlage für die Gültigkeit und für den Zweck dieses Vertrages.

Gleicherweise müssen Bibelleser und Prediger ihre Aufmerksamkeit sorgfältig auf die Semantik richten. Wie genau sie die Bedeutung von Versen, Abschnitten und Lehren zum Ausdruck bringen, wird verantwortlich dafür sein, wie wirkungsvoll und wie genau sie anderen die Botschaft Gottes überbringen. (Ich spreche hier nicht von unterschiedlichen Auslegungen. Man kann eine falsche Auslegung eines Bibelabschnitts vertreten und sie doch klar zum Ausdruck bringen. Ebenso kann man eine richtige Auslegung vertreten und sie schlecht ausdrücken.)

DER ZWECK DER SPRACHE

Gott gab dem Menschen die Sprache zu dem Zweck, mit ihm in Verbindung treten zu können. Freilich - der Mensch hat die Sprache verdorben. Aber Gott hat darauf geachtet, dass sich in den Sprachen hinreichende Mittel finden, durch die er mit uns in Verbindung treten kann und wir mit ihm. Obwohl die Sprache am Turm zu Babel verwirrt wurde, so dass die Menschen einander nicht mehr verstehen konnten, erwählte Gott das Hebräische (und Aramäische) und das Griechische als hinreichende und angemessene Sprachen, um seine Offenbarung der Wahrheit in der Bibel zu übermitteln. Und in der Gegenrichtung finden wir Deutsch und Englisch und Französisch und jede andere Sprache der Erde angemessen, unsere Worte und Gedanken im Gebet vor Gott zu tragen.

Der christliche Philosoph Gordon Clark schrieb:

> »Wenn Gott den Menschen in seinem eigenen vernünftigen Bild geschaffen und mit der Macht der Sprache ausgestattet hat, dann ist natürlich ein Zweck - in Wirklichkeit der Hauptzweck - der Sprache, dem Menschen die

> Wahrheit Gottes zu offenbaren und die Gebete des Menschen zu Gott zu tragen. Im Rahmen einer theistischen Philosophie sollte man nicht sagen, die Sprache sei zu dem Zweck konstruiert, um die endlichen Objekte unserer Sinneserfahrung zu beschreiben und zu diskutieren ... Im Gegenteil; die Sprache wurde von Gott konstruiert. Das heißt, Gott erschuf den Menschen vernünftig zu dem Zweck, dass er sich gegenüber beziehungsweise über Gott äußern kann.«[2]

Erkennen wir an, dass Gott die Sprache gegeben hat, um mit uns reden zu können (und wir mit ihm)? Dann ist die Semantik, die sich mit der Bedeutung der Worte beschäftigt, von allergrößter Wichtigkeit für die richtige Wiedergabe seiner Wahrheit.

Des weiteren müssten jene, die an die Irrtumslosigkeit der Bibel glauben, besonders erpicht auf eine genaue Wiedergabe der Wahrheit sein, wie mir scheint. Die ganze Bibel ist für uns wichtig und frei von jeglichem Irrtum. Da sollte es natürlich die größte Sorge von uns Christen sein, wie wir das Evangelium zum Ausdruck bringen. Wir dürfen Gottes »Gute Nachricht« von seiner Gnade - wie er seinen Sohn gab, damit wir durch den Glauben an ihn ewiges Leben hätten - nicht verwirren, nicht verkürzen und nicht verschleiern. Semantik ist der Schlüssel zur Verkündigung und zum Verständnis des Evangeliums.

Verkündigung und Verfälschung des Evangeliums

Betrachten wir doch einmal die folgenden willkürlich herausgegriffenen Aussagen aus Traktaten, Predigten, Büchern und Radio- beziehungsweise Fernsehbotschaften. Ich stelle sie hier ohne Quellenangaben vor, denn es geht uns jetzt nicht darum, wer was gesagt hat, sondern was gesagt wurde. Es soll gezeigt werden, wie verschieden, wie verwirrend diese Aussagen sind. Wenn wir die Hälfte davon einem unerlösten Menschen vortrügen - welchen Glauben dürften wir da wohl erwarten?

Sehen wir einmal nach:

1. »Bereue, glaube, bekenne Gott deine Sünde und bekenne ihn vor den Menschen, und du wirst errettet.«
2. »Die klarste Aussage der Heilsbotschaft im Neuen Testament finden wir in Lukas 9,23: ›Wenn jemand mir nachkommen will, verleugne er sich selbst und nehme sein Kreuz auf täglich und folge mir nach.‹«
3. »Die vielleicht umfassendste Einladung zum Heil in den Briefen steht in Jakobus 4,7-10: ›Unterwerft euch nun Gott! Widersteht aber dem Teufel, und er wird von euch fliehen. Naht euch Gott, und er wird sich euch nahen. Säubert die Hände, ihr Sünder, und reinigt die Herzen, ihr Wankelmütigen! Fühlt euer Elend und trauert und weint; euer Lachen verwandle sich in Traurigkeit und eure Freude in Niedergeschlagenheit. Demütigt euch vor dem Herrn, und er wird euch erhöhen.‹«
4. »Möge es der Herr den Sündern offenbaren: Der einzige Weg zur Rettung von ihren Sünden besteht darin, dass sie mit herzlichem Bedauern zu dem Herrn umkehren.«
5. »Bete wie der ›verlorene Sohn‹ - bitte Jesus, dein Herr und Meister zu werden.«
6. »Tritt hervor und folge Jesus in der Taufe nach.«
7. »Lege deine Hand in die durchgrabenen Hände Jesu.«
8. »Suche Christus, indem du bis zu ihm durchbetest.«
9. »Glaube an ihn, vertraue ihm, nimm ihn an, übergib ihm dein Leben.«
10. »Christus ermahnt uns: Er wird uns nicht in sein Reich aufnehmen, ehe wir bereit sind alles aufzugeben; ehe wir bereit sind, uns von aller Sünde in unserem Leben abzuwenden.«
11. »Gott bietet freies ewiges Leben jenen Sündern, die sich ihm in demütigem, reuevollem Glauben ergeben.«

12. »Müssen wir - um Christen zu werden - buchstäblich alles, was wir besitzen, verschenken? Nein, sondern wir müssen willens sein, alles hinter uns zu lassen.«
13. »Matthäus 7,13-14 ist das reine Evangelium: ›Geht ein durch die enge Pforte ...‹«
14. »Niemand kann Christus als seinen Heiland aufnehmen und ihn gleichzeitig als seinen Herrn verwerfen.«
15. »Schenke Christus dein Herz.«

Nicht alle diese Aussagen sind falsch oder gleichermaßen gut oder schlecht. Aber sie sagen nicht alle das gleiche aus. Es ist nicht so, dass sie die gleiche Wahrheit nur mit anderen Worten zum Ausdruck brächten. Die Unterschiede können nicht dadurch in Einklang miteinander gebracht werden, dass man sagt: »Das ist doch nur eine Frage der Semantik.« Und doch behaupten sie alle, den Heilsweg zu erläutern.

So wie Worte die Werkzeuge waren, die Gott gebrauchte, um in der Heiligen Schrift das Evangelium mitzuteilen, so sind Worte die Werkzeuge, die wir gebrauchen, um anderen das Evangelium zu erklären. Deshalb ist die korrekte Wortwahl wichtig, sogar grundlegend, wenn wir das Evangelium richtig weitersagen wollen.

Man beachte die verschiedenen Schlüsselworte in den zuvor aufgelisteten Aussagen:

Bereue.
Bekenne.
Verleugne.
Herr und Meister.
Tritt hervor.
Taufe.
Bete durch.
Übergib.
Wende dich von aller Sünde ab.
Ergib dich.

Einige dieser Worte sind schlecht, sogar falsch gewählte Begriffe für die Verkündigung des Evangeliums. Mancher würde mir beipflichten, dass das Wort *Taufe* im Zusammenhang mit dem Evangelium zu einer falschen Darstellung der Heilsbotschaft führt. Andere wiederum können dem nicht zustimmen. In Ihren Augen ist die Taufe im Wasser heilsnotwendig. Für viele lassen sich Glaube und Werke nicht als Erfordernisse des Heils miteinander in Einklang bringen. Für andere wiederum ist es mit Werken verbunden, ein Kind Gottes zu werden. Ob Taufe, ob Werke notwendig sind, um errettet zu werden, ist eine Frage der Semantik, die so im Gegenzug zu einer Angelegenheit wahren oder falschen Evangeliums wird.

Die meisten Leser dieses Buches werden vermutlich zustimmen, dass die Worte *Taufe* und *Werke* in der Verkündigung des Evangeliums nicht gebraucht werden sollten - einfach deshalb, weil ihre Aussage kein Teil der Heilsbotschaft ist. Das scheint ganz klar zu sein.

Was ist aber mit der Bedeutung eines Wortes wie *Reue*? Das scheint nicht so klar zu sein. Ist Reue Teil der Heilsbotschaft? Ist sie heilsnotwendig? Ist es nur eine Frage der persönlichen Vorliebe, wenn man dieses Wort bei der Vorstellung des Evangeliums gebraucht, oder ist es einfach egal?

Oder was ist mit dem Wort *Herr*? Was bedeutet es, wenn man es zu einem Teil der Heilsbotschaft macht? Was ist mit *Messias*? Mit *Gott*? Mit *Meister*?

Was bedeutet das Wort *schenken* beispielsweise in der Aufforderung: »Schenke Christus dein Herz«? Ist es wirklich das, was getan werden muss, wenn jemand errettet werden will? Ist *schenke* eine andere Art zu sagen: *vertraue*? Und wenn es so wäre, ist es dann wahr, dass zur Errettung mein Herz Christus vertrauen muss? Oder sollte ich vielleicht sagen: »Verschenke mein Leben an Christus«?

Das sind wichtige semantische Unterschiede, denn sie verleihen der Heilsbotschaft ganz unterschiedliche Bedeutung. Einige geben eine falsche Botschaft wieder, andere eine ungenaue. Aber wir müssen danach eifern, ein klares Zeugnis von der Gnade Gottes abzulegen. Es ist nicht so, dass Gott eine ungenaue Botschaft nicht gebrauchen könnte; zweifellos tut er das öfter als ihm lieb ist. Aber warum sollte er das tun müssen? Warum schärfen wir nicht unser Verständnis des Evangeliums, damit wir es so klar wie möglich weitergeben können, indem wir die richtigen Worte gebrauchen, mit denen die Gute Nachricht korrekt verkündigt wird?

Worte sind entscheidend. Wie erschreckend wichtig sind sie in Aussagen wie diesen: »... dass Christus für unsere Sünden gestorben ist nach den Schriften; und ... dass er auferweckt worden ist am dritten Tag nach den Schriften« (1Kor 15,3-4). »Diese aber sind geschrieben, damit ihr glaubt, dass Jesus der Christus ist, der Sohn Gottes, und damit ihr durch den Glauben Leben habt in seinem Namen« (Joh 20,31).

Wir werden uns in den folgenden Kapiteln mit ein paar entscheidenden Worten etwas genauer beschäftigen. Das wird unser Denken klären - und dann auch unsere Verkündigung von Gottes »Guter Nachricht«.

3

SPIEGELFECHTEREIEN

»Die Zunge der Weisen fördert Erkenntnis«
Sprüche 15,2

»Euer Wort sei allezeit in Gnade ...«
Kolosser 4,6

Unterschiedliche Ansichten bringen oft Scheinargumente hervor. Der Grund ist sehr einfach: Strohpuppen sind leicht zu zerstören.

Im Lexikon heißt es, eine Strohpuppe sei »ein schwacher oder fingierter Gegenspieler (entweder in Form eines tatsächlich auftretenden Gegners oder auch abstrakt als ein in die Diskussion eingebrachtes Scheinargument), dessen einziger Zweck die leichte Widerlegung oder Täuschung ist«.

In der zeitgenössischen Auseinandersetzung um die Bedeutung des Evangeliums und der vom Evangelium berührten Bereiche sind eine ganze Reihe von Strohpuppen vorgeschoben worden, die die Argumente gegen diese Scheingegner machtvoller erscheinen lassen sollten. Dabei muss man sich klar machen, dass so eine Strohpuppe meistens nicht nur bloße Erfindung ist. Gewöhnlich enthält sie einen gewissen Anteil an Wahrheit. Aber diese Wahrheit ist entweder im gegebenen Zusammenhang übertrieben oder verzerrt oder unvollständig. Das Wahrheitselement einer Strohpuppe macht es schwieriger, dagegen zu argumentieren, während es Verzerrung oder Unvollständigkeit erleichtern, den Popanz umzublasen und niederzuschlagen.

Im Verlauf dieses Buches werden wir den Kampf gegen eine Reihe solcher Strohpuppen aufnehmen. An dieser Stelle mag es hilfreich sein, einige davon zu untersuchen. Das wird die Atmosphäre klären und soll verhindern, dass unsere Diskussion aus dem Bereich der Tatsachen in den der Phantasie abgleitet.

STROHPUPPE NR. 1

Das Evangelium ist eine nüchterne Zusammenstellung von Tatsachen, denen wir nur ver standesmäßig zustimmen müssen, um errettet zu werden.

Diese Anklage richtet sich gegen jene, die ihrerseits nicht einer Lehre zustimmen können, die die Errettung von Herrschafts-, Jüngerschafts- oder Meisterschaftsbeziehungen abhängig machen will. Man wirft ihnen vor zu lehren, die verstandesmäßige Zustimmung zu einer Reihe von Tatsachen sei hinreichend für die Errettung. Manchmal wird das mit dem Etikett »Entscheidungs«-Errettung versehen: Es sei nur notwendig, eine verstandesmäßige Entscheidung zu treffen, die möglicherweise durch ein formelhaftes Gebet bestätigt werden kann. Niemand kann - das vertreten die Verfechter der Errettung durch Herrschaftsbeziehung - errettet werden »wenn Sie gelegentlich einige Fakten über Jesus anerkennen«[1].

Es sind Worte wie *unfruchtbar*, *verstandesmäßige Zustimmung* und *beiläufig*, die diese Argumentation zu einer Strohpuppe machen.

Tatsachen sind wesentlich. Bei der Beschreibung des Evangeliums, das er predigte, sagte Paulus, »dass Christus für unsere Sünden gestorben ist nach den Schriften; und dass er begraben wurde und dass er auferweckt worden ist am dritten Tag nach den Schriften« (1Kor 15,3-4). Diese historischen und lehrmäßigen Tatsachen sind »von allererster Wichtigkeit«, denn ohne sie gibt es kein Evangelium.

Bedürfen diese grundlegenden Fakten des Evangeliums nur einer beiläufigen, theoretischen oder verstandesmäßigen Annahme, damit jemand errettet werden kann? Nicht, wenn man *Glaube* so definiert, wie es das griechische Wörterbuch tut: »von etwas überzeugt sein« oder »etwas bezeugen«. Besonders der Glaube an das Evangelium bedeutet, »sein Vertrauen auf das Evangelium zu setzen«[2]. Von etwas überzeugt zu sein oder sein Vertrauen auf das Evangelium zu setzen - das kann man von einer nur beiläufigen Annahme von irgendetwas wohl kaum sagen. Wenn jemand die historischen Tatsachen bezeugt, dass Christus starb und aus den Toten auferstanden ist und ebenso die lehrmäßige Tatsache, dass dieses um seiner, des Bezeugenden Sünden willen geschah, dann macht er seine ewige Bestimmung von der Zuverlässigkeit dieser Wahrheiten abhängig. Und das ist von jeglicher Beiläufigkeit so weit entfernt, wie etwas davon nur entfernt sein kann.

Man sieht: Die aus dem Blickwinkel einer nicht-herrschaftlichen Sichtweise errichtete Strohpuppe ist eben nicht mehr als das. Weil aber die Begriffe *unfruchtbar* und *bloße verstandesmäßige Zustimmung* gebraucht wurden, um sie aufzurichten, konnte der Popanz leichter zerstört werden. Man sollte bei diesem Thema keinen Fehler machen - Menschen, die in der Frage der Errettung nicht herrschaftsbezogen denken, vertreten *nicht* das, was unsere Strohpuppe Nr. 1 von ihnen behauptet.

Strohpuppe Nr. 2

Ein fleischlicher Christ ist jemand, der errettet ist, aber keine Auswirkungen seiner Errettung erkennen lässt. Oder: Ein wirklich Gläubiger kann sein ganzes christliches Leben lang fleischlich bleiben und niemals Frucht hervorbringen.

Es sind Ausdrücke wie »keine Auswirkungen erkennen lassen« oder »sein ganzes christliches Leben lang«, die diese Aussage zu einer Strohpuppe machen. Es ist nicht zu leugnen, dass es Christen gibt, die als fleischlich charakterisiert werden können - schon allein deshalb nicht, weil der Text von 1. Korinther 3,1-3 sagt, es gebe in Korinth fleischliche Gläubige. Paulus nennt diese Leute in Vers 1 »Brüder« und »Unmündige in Christus«; dann beschreibt er sie in Vers 1 als »Fleischliche« und in Vers 3 als »fleischlich«. Zur Zeit des Paulus gab es also fleischliche oder irdisch gesinnte Christen.

Was charakterisiert solche Christen? Paulus sagt, sie wandeln nach Menschenweise (Vers 3), das heißt, wie unerlöste Menschen. Das bedeutet nicht, dass sie nicht wirklich Gläubige gewesen wären - Paulus spricht sie ja als Gläubige an. Aber es *zeigt* an, dass Gläubige leben können wie die Unerlösten. Freilich erwartet man von Christen nicht, dass sie leben wie die Unerretteten, aber die Wirklichkeit zeigt, dass man dies von einigen doch sagen muss.

Und für wie lange? Länger als einen Augenblick oder einen Tag oder einen Monat oder ein Jahr? Als Paulus seinen ersten Brief an die Korinther schrieb, waren diese Gläubigen vier oder fünf Jahre alt im Glauben, und offensichtlich waren einige von ihnen immer noch fleischlich oder irdisch gesinnt. Nach den Erwartungen des Paulus hätten sie zu diesem Zeitpunkt bis zu einem Grad gereift sein sollen, dass er sie als geistlich hätte ansprechen können.

An dieser Stelle werden wir unausweichlich mit einer dieser »Was-wäre-wenn-Fragen« konfrontiert. Was ist, wenn ein wirklich Gläubiger Zeit seines Lebens wie ein unerretteter Mensch zu leben scheint? Ist er tatsächlich gläubig? Kann ein Gläubiger sein ganzes Leben lang fleischlich sein? Oder, mit anderen Worten: Kann ein Gläubiger sein ganzes Christenleben lang ein Unmündiger, ein Baby in Christus bleiben? Lautet die Antwort nein, dann folgen daraus zwei Möglichkeiten. Entweder war so ein Mensch nicht in Wirklichkeit gläubig, oder er war gläubig und hat sein Heil verloren, weil er nicht über das geistliche Säuglingsalter hinausgewachsen ist.

Solange wir uns »Was-wäre-wenn-Fragen« stellen, wollen wir uns gegenseitig befragen. Was wäre, wenn einer oder mehrere dieser korinthischen Säuglinge in Christus in der Zeit zwischen ihrer Bekehrung und der Abfassung der ersten Paulusbriefes an die Korinther gestorben wären? Mit anderen Worten: Was, wenn ein Säugling in Christus in Korinth starb, ehe er aus diesem Säuglingsalter herausgewachsen war? Kam er in den Himmel? Angenommen, so ein Mensch *hatte* sein ganzes christliches Leben in diesem Säuglingsstadium verbracht. Wenn er »in Chri stus« *war* - ganz gleich, ob Säugling oder Erwachsener - dann wird er mit Gewissheit im Himmel sein.

Sagen wir es deutlich! Auch, wenn ein Gläubiger in seinem ganzen Leben als fleischlich charakterisiert werden kann, bedeutet das nicht, dass er in allen Lebensbereichen fleischlich ist. Und es bedeutet auch nicht, dass er in seinem Leben nicht auf irgendeine Weise geistliche Frucht tragen wird. Jeder Gläubige wird Frucht tragen. Aber das ist Gegenstand eines anderen Kapitels.

Diese Strohpuppe leugnet das Wirken, wenn nicht die Anwesenheit des Heiligen Geistes im Leben jedes Gläubigen. Solange der Geist dem Gläubigen innewohnt, ist es unmöglich, dass dieser Gläubige keinerlei Wirkung des Heils an den Tag legt - und wenn er Zeit seines Lebens vollkommen fleischlich wäre.

Strohpuppe Nr. 3

Wenn etwas von der frühen Kirche gelehrt wurde, dann muss es wahr sein. Wenn eine Lehre neuer ist, dann ist ihre Wahrhaftigkeit zumindest fraglich, wenn sie nicht gar ganz unwahr ist.

Die Lehre über fleischliche Christen sei, so sagt man, erst in unserem Jahrhundert aufgekommen. Deshalb sei sie fragwürdig, wenn nicht sogar unbiblisch. Davon später mehr. Andererseits sollen die Lehre von der errettenden Herrschaftsbeziehung und dieser Lehre gemäße Aussagen derer, die in der Kirchengeschichte einen früheren zeitlichen Platz einnehmen, mit Gewissheit anzeigen, dass diese Lehre richtig ist.

Diese Strohpuppe tritt manchmal paarweise auf; sie hat ein Gegenstück. Nicht nur hohes Alter soll die Richtigkeit einer Sichtweise gewährleisten; auch die Zahl der Menschen, die sie vertreten oder einst vertreten haben, macht sie wahr. Je mehr ihr zustimmen, desto besser steht es um die Begründung ihrer Wahrhaftigkeit.

Natürlich ist der Nebelvorhang, auf den diese Strohpuppe und ihr Partner projiziert werden, leicht aufzulösen. Nur, weil etwas schon im ersten Jahrhundert gelehrt wurde, ist diese Lehre nicht automatisch richtig (es sei denn, sie findet sich als Lehre in den kanonischen Schriften). Und nur, weil etwas nicht schon vor dem neunzehnten oder zwanzigsten Jahrhundert gelehrt wurde, muss es nicht falsch sein - es sei denn, diese Lehre ist eindeutig unbiblisch. In den frühen Jahrhunderten lehrte man die Taufwiedergeburt, aber diese Lehre ist falsch. Die Mehrheit der Kirche glaubt an eine Taufe durch Besprengung. Ist deshalb die Taufe durch Untertauchen falsch? Die Mehrheit der Kirche denkt nicht prämillenial. Wird diese Lehre dadurch falsch? Die Lösegeld-an-Satan-Theorie, die mit der von Christus bewirkten Sühne in Verbindung steht (beispielsweise, dass Christus mit seinem Tod Satan ein Lösegeld bezahlt habe), wurde in der Frühzeit der Kirche gelehrt. Wird sie dadurch richtig?

Die Altertümlichkeit oder Neuheit einer Lehre und die Zahl der Leute, die dafür oder dagegen sprechen, mögen vielleicht ein interessantes Studienobjekt abgeben. Aber keiner dieser Faktoren beweist oder widerlegt die Richtigkeit oder Falschheit dieser Lehre.

Der Vorwurf der Neuheit richtet sich gegen die Lehren der Reformatoren. Johannes Calvin erwidert darauf mit charakteristischer Aufrichtigkeit:

> »Zuerst tun sie Gott furchbar unrecht, indem sie es ›neu‹ nennen, denn dessen Heiliges Wort verdient es nicht, der Neuheit beschuldigt zu werden ... Dass es lange im Verborgenen gelegen hat und vergraben war, hat der Mensch in seiner Pietätlosigkeit verschuldet. Nun, da es uns durch Gottes Güte wiedererstattet worden ist, sollten die Ansprüche ehrwürdigen Alters zumindest durch das Recht auf Rückgabe zugegeben werden.«[3]

Strohpuppe Nr. 4

Jemanden genau zu zitieren (was dadurch angezeigt wird, dass man das Zitat in An- und Abführungszeichen stellt) garantiert eine exakte Darstellung dessen, was der Zitierte glaubt.

Es ist nicht schwierig, ein Zitat aus seinem Zusammenhang zu reißen und es so erscheinen zu lassen, als sage es weniger das aus, was der Zitierte in Wirklichkeit gemeint hat, sondern vielmehr das, was der Zitierende belegen will - am wenigsten aber das, was es in Wirklichkeit *aussagt*. Derartige Strohpuppen sind leicht zu zerstören - besonders dann, wenn etwas zitiert wird, was aus dem Zusammenhang gerissen lächerlich scheint.

Dieser Missbrauch exakten Zitierens hat mich bei der Abfassung von Buchbesprechungen immer sehr vorsichtig werden lassen. Eine gute Buchbesprechung sollte ein Buch stets aus verschiedenen Blickwinkeln bewerten - was gut daran ist, was weggelassen wurde, womit der Rezensent nicht einverstanden ist usw. Verhältnismäßig wenige der Bücher, die ich in meinem Leben rezensiert habe, waren ganz und gar schlecht. Deshalb versuche ich herauszustellen, in welchen Bereichen das Buch hilfreich sein kann. Oft aber geschieht es, wenn die zweite Auflage eines Buches herauskommt, dass der Verlag den Schutzumschlag neu gestaltet und darauf Auszüge aus Besprechungen des Buches veröffentlicht, die bereits erschienen sind. Ich brauche wohl nicht näher darauf einzugehen, dass der Verlag an dieser Stelle keine negativen Aussagen über das Buch abdrucken wird. Wenn man aber nur die positiven Bemerkungen aus Buchbesprechungen veröffentlicht, wird die Bewertung des Rezensenten verdreht, und das manchmal in recht grober Weise.

Vor einigen Jahren rezensierte ich ein Buch und schrieb darüber, es schließe »eine wesentliche Lücke in unserer Literatur«. Ich sagte, dass es »studiert werden sollte« und dass »die Veröffentlichung dieses Buches von den Evangelikalen begrüßt«

werde. Ich hob aber auch einige der Voraussetzungen des Autors hervor, denen ich nicht zustimmen konnte, sowie einige seiner Auslegungen, die ich für falsch hielt. Was wird der Verlag wohl auf dem Schutzumschlag der zweiten Auflage zitiert haben?

Man muss auf der Hut sein. Wenn man aus irgendeinem Grunde den Verdacht hat, dass ein Zitat nicht ehrlich wiedergibt, was man über die Lehre des Zitierten zu wissen meint, dann sollte man es völlig außer Acht lassen. Ich muss wohl nicht betonen, dass es eines christlichen Autors oder Verlegers unwürdig ist, etwas vorsätzlich zu verdrehen - auch dann, wenn das hierzu verwendete Zitat exakt wiedergegeben wird.

Andere Strohpuppen - etwa der Gebrauch des Ausdrucks »billiges Evangelium« oder die Behauptung, die Errettung habe keine praktischen Auswirkungen - werden wir in den folgenden Kapiteln untersuchen. Für jetzt mögen diese vier genügen, um die Atmosphäre zu reinigen und unsere Aufmerksamkeit auf die Bedeutung des biblischen Textes zu lenken. Dort finden wir die Wahrheit, und wenn wir sie richtig verstehen und mit semantischer Klarheit zum Ausdruck bringen, dann wird sowohl der Wahrheit als auch jenen, denen wir sie bringen, aufs Beste gedient.

4

WAS IST DAS EVANGELIUM?

»Und der Engel sprach zu ihnen: Fürchtet euch nicht! Denn siehe, ich verkündige euch große Freude, die für das ganze Volk sein wird.«
Lukas 2,10

»Denn ich habe euch vor allem überliefert, was ich auch empfangen habe: dass Christus für unsere Sünden gestorben ist nach den Schriften; und dass er begraben wurde und dass er auferweckt worden ist am dritten Tag nach den Schriften; und dass er Kephas erschienen ist ...«
1. Korinther 15,3-5

Stellen wir uns einmal zwei Studenten vor. Der eine von beiden ist ein *Eins-A*-Student. Er hat in seinem gesamten bisherigen Studium noch nie eine geringere Note als eine *Eins* bekommen. Der andere hat in seinem ganzen Leben noch keine *Eins* erzielt. Tatsächlich kämpft er ständigt mit der Gefahr, durchzufallen.

In einem Semester belegen die beiden das gleiche Hauptseminar, und beide haben Schwierigkeiten mit dem Lehrstoff. So kommt es, dass unser Eins-A-Student möglicherweise nur eine *Zwei* für den absolvierten Kurs bekommt und der andere vielleicht gar nicht besteht.

Das Semester ist zu Ende und beide erwarten ängstlich ihr Ergebnis. Nehmen wir einmal an, der Professor geht zu dem Musterstudenten und sagt: »Ich habe gute Nachrichten für Sie. Sie haben bestanden.« Für den Angesprochenen ist das bestimmt keine gute Nachricht. Die einzige gute Nachricht, die er hören möchte, lautet: »Sie haben eine Eins.« Für den anderen aber wäre die Nachricht, er habe bestanden, die beste Neuigkeit, die man ihm mitteilen könnte. »Sie haben eine Eins« und »Sie haben bestanden« sind beides gute Nachrichten, aber ganz unterschiedlichen Inhalts. Beides sind »Evangelien«, aber unterschiedliche Evangelien.

Das griechische Wort *Evangelium* bedeutet »frohe Botschaft« oder »gute Botschaft«. Gute Botschaft - aber wovon? Sogar das Neue Testament selbst gebraucht das Wort *Evangelium*, um verschiedene Arten guter Botschaft zu bezeichnen - deshalb muss man genau zeigen, welche gute Botschaft im Einzelfall gemeint ist.

So schreibt zum Beispiel Paulus in 1. Thessalonicher 3,6-8, Timotheus habe gute Botschaft gebracht, wörtlich ein Evangelium von der Standfestigtkeit der Jungbekehrten in Thessalonich. Dieses Evangelium enthielt nicht ewiges Heil. Es war vielmehr die gute Nachricht vom kraftvollen geistlichen Zustand der Gläubigen in Thessalonich. In Galater 1,6 warnt Paulus vor dem falschen Evangelium derer, die die Gläubigen ins orthodoxe Judentum zurückziehen wollen. Deren gute Botschaft, deren Evangelium schloss die Forderung ein, sich zusätzlich zum Glauben beschneiden zu lassen, damit man errettet werden könne. Das war kein Evangelium der Gnade, weil ein menschliches Werk hinzugefügt wurde - die Beschneidung.

Gute Botschaft in den Evangelien

Im Matthäusevangelium bezeichnet das Wort *Evangelium* mit einer einzigen Ausnahme stets die frohe Botschaft beziehungsweise das Evangelium vom Reich. Das war die Botschaft Johannes des Täufers (Mt 3,1-2), die Botschaft unseres Herrn (Mt 4,17) und die der zwölf Jünger, als sie zum erstenmal vom Herrn ausgesandt wurden (Mt 10,5-7).

Was war die Botschaft vom Reich für eine gute Nachricht? Die richtige Antwort liegt im und in der Hoffnung auf das Königreich, die die Juden zur Zeit des ersten Kommens Christi hegten. Tatsächlich gründete sich ihre Hoffnung darauf, dass die verheißene Herrschaft des Messias in seinem irdischen Reich aufgerichtet würde - einem Reich, das das jüdische Volk verherrlichen und von der Herrschaft Roms befreien würde, unter der es lebte.

Aber die Herrschaft des Himmels trat während der irdischen Lebenszeit Jesu nicht ein, weil das Volk die erforderliche Buße zurückwies und die geistlichen Bedingungen für die Aufrichtung des Reiches nicht erfüllte. Die meisten suchten nur die politische Befreiung, ohne irgendwelchen persönlichen Erfordernissen für eine Veränderung ihres Lebens entsprechen zu müssen. So kam das Reich nicht zu ihnen, weil das Volk sich innerlich nicht gründlich darauf vorbereitet hatte.

Das bedeutete aber nicht, dass es niemals ein davidisches, tausendjähriges Reich geben werde. Der Herr lehrte, dass das Reich nicht sofort erscheinen werde (Lk 19,11). Er verwies aber auch darauf, dass dieses Evangelium des Reiches bis in die zukünftige Zeit der großen Trübsal immer wieder gepredigt werden würde (Mt 24,14). Und in dieser schlimmen Zeit, in der Satan und die Mächte des Bösen eine nahezu totale Herrschaft ausüben werden, wird es eine sehr gute Nachricht sein zu erfahren, dass der Messias bald über die Erde herrschen werde.

Überall da, wo Matthäus vom Evangelium spricht, bezieht er sich auf diese gute Nachricht vom Reich, mit einer Ausnahme (Mt 16,13). An dieser Stelle sagt der Herr, wo auch immer das Evangelium von seinem Tod gepredigt werden würde, da werde auch von Maria Magdalenas guter Tat geredet werden - dass sie ihn in der Vorausschau auf sein Begräbnis salbte.

Markus gebraucht den Begriff *Evangelium* ausschließlich zur Hervorhebung der Person Christi (Mk 1,1.14-15; 8,35; 10,29; 13,10; 14,9; 16,15). Unser Herr ist das zentrale Thema der guten Nachricht. Auch Lukas unterstreicht mit dem Gebrauch des Wortes *Evangelium* die Mittelpunktsstellung Christi in der frohen Botschaft (Lk 2,10) und kündigt ebenso die Aufrichtung des Reiches an (Lk 4,43). Johannes verwendet das Wort *Evangelium* überhaupt nicht, obwohl er natürlich die wichtige Lehre von der Wiedergeburt berichtet (Joh 3,1-21).

Gute Botschaft in den Paulusbriefen

Paulus gibt uns die genaue Definition des Evangeliums, das wir heute predigen, in 1. Korinther 15,3-8. Das Evangelium ist die gute Nachricht vom Tod und von der Auferstehung Jesu Christi. Er starb und er lebt - das ist der Inhalt des Evangeliums.

Die Tatsache, dass Christus begraben wurde, beweist die Wirklichkeit seines Todes. Er war nicht bloß scheintot, nur um später wiederbelebt zu werden. Er starb tatsächlich, und er starb für unsere Sünden. Die Wiedergabe einer langen Liste von Zeugen beweist die Wirklichkeit seiner Auferstehung. Er starb für unsere Sünden und wurde begraben (der Beweis für seinen Tod); er ist auferstanden und wurde von vielen Zeugen gesehen, deren überwiegende Mehrheit noch am Leben war, als Paulus seinen ersten Brief an die Korinther schrieb (der Beweis seiner Auferstehung). Den gleichen zweifachen Inhalt der guten Nachricht finden wir auch in Römer 4,25: »der unserer Übertretungen wegen dahingegeben und unserer Rechtfertigung wegen auferweckt worden ist.« Jedermann, der an diese gute Nachricht glaubt, ist errettet. Denn diese Wahrheit, und sie allein, ist das Evangelium von der Gnade Gottes (1Kor 15,2).

Sowohl in den vergangenen Zeiten wie auch heute hörte und hört man viel von dem »vollen Evangelium«, das gewisse Dienste des Heiligen Geistes enthalten soll. Um errettet zu werden, muss man nicht nur glauben, sondern zum Beispiel auch die Taufe des Heiligen Geistes empfangen. Gemeinden, die diese Lehre vertreten, werden manchmal »Gemeinden des vollen Evangeliums« genannt.

Heutzutage hören wir vom »ganzen Evangelium«, das die Erlösung der Gesellschaft zusammen mit der Erlösung des Einzelnen propagiert. Aber Paulus machte deutlich, worin das rettende Evangelium besteht: Zu glauben, dass Christus für unsere Sünden starb und aus den Toten auferstanden ist. Das ist das *vollständige* Evangelium, und wenn es das ist, dann ist es auch das wahre volle und das wahre ganze Evangelium. Für die Vergebung der Sünden und das Geschenk des ewigen Lebens ist nichts weiter erforderlich.

Der Sinn des Evangeliums

Ein Teil der heutigen Verwirrung um die Bedeutung des Evangeliums mag daher rühren, dass versäumt wird, den darinliegenden Sinn zu klären. Die Frage lautet: Wie können meine Sünden vergeben werden? Was ist es, das mir den Zugang zum Himmel versperrt? Was ist es, das mich daran hindert, ewiges Leben zu haben? Die Antwort lautet: Die Sünde. Ich brauche also einen Weg, dieses Problem zu lösen. Gott erklärt, dass der Tod seines Sohnes die Vergebung meiner Sünden bewirkt hat. »Christus starb für unsere Sünden« - das ist so klar, wie etwas nur sein kann. Sünder brauchen einen Heiland. Christus ist dieser Heiland, und er ist der einzig wahre. Durch Glauben empfange ich ihn und seine Vergebung. Dann ist das Problem der Sünde gelöst, und ich kann völlig sicher sein, in den Himmel zu kommen.

Ich muss nicht an ein zweites Kommen Christi glauben, um errettet zu werden. Ich muss ihn nicht empfangen, damit er jetzt Fürsprache für mich hält. Aber ich muss glauben, dass er für meine Sünden starb und dass er als Überwinder von Sünde und Tod auferstanden ist. Ich muss nicht Auflagen des christlichen Lebens erfüllen, um errettet zu werden. Ich brauche nicht einen Teil meines künftigen Einkommens zu versprechen, um errettet zu werden. Ich brauche nicht bereit zu sein, das Rauchen aufzugeben, um errettet zu werden. Angelegenheiten von Fleischlichkeit, Geistlichkeit, des Fruchttragens oder des Rückfalls beziehen sich auf das christliche Leben, nicht auf die Frage der Errettung. Nur der Herr Jesus, der menschgewordene Gott, konnte dieses Problem lösen, und er löste es, indem er für uns starb. Er musste Mensch werden, um sterben zu können, und er musste Gott sein, damit dieser Tod eine Sühnung für die Sünden der Welt sein konnte.

Man darf den Sinn des Evangeliums nicht verändern.

Die Richtung des Evangeliums

Man darf die Richtung des Evangeliums nicht verändern.

Die gute Nachricht besteht darin, dass Christus etwas in Sachen Sünde unternommen hat, und dass er heute lebt und mir seine Vergebung anbietet. Die Aktionsrichtung besteht von Christus zu mir, niemals von mir zu ihm. Nicht ich bin es, der ihm irgendetwas anbietet. Wie könnte ich auch? Was sollte ich ihm schon anbieten, was meine Not wenden könnte? Böte ich ihm die Jahre meines Lebens an, so wäre das etwas sehr unvollkommenes, was darüber hinaus nichts zur Vergebung meiner Sünden bewirken könnte. Schwüre ich ihm meine Bereitschaft zur Veränderung zu, so versicherte ich etwas, was ich nicht konsequent einhalten kann - und selbst, wenn ich es könnte, würde es nicht die Schuld meiner Sünde hinwegtun.

Natürlich, wenn ich aus seiner Hand ewiges Leben empfange, beuge ich mich vor einer unvorstellbar höheren Person. Aber ich beuge mich dann als einer, der völlig unfähig ist, auch nur das Geringste gegen meine Sünde zu unternehmen. Ich beuge mich als Empfänger seiner Gnade und niemals als einer, der ihm irgendetwas schenken könnte. Betreffs des Heils bin stets ich der Empfänger, der Beschenkte, niemals der Gebende. Wollte ich versuchen, irgendetwas zu geben, um ein Christ zu werden, dann füge ich ein Werk hinzu, und das Heil gründet sich nicht länger einzig und allein auf die Gnade. Man muss die Richtung beachten und man darf seine Gnade nicht mit irgendeinem Werk vermischen.

5

ENTWEDER FRUCHTBAR ODER OHNE GLAUBEN?

*»Glücklich der Mann, der nicht folgt
dem Rat der Gottlosen, den Weg der Sünder
nicht betritt und nicht im Kreis der Spötter sitzt,
sondern seine Lust hat am Gesetz des HERRN
und über sein Gesetz sinnt Tag und Nacht!
Er ist wie ein Baum, gepflanzt an Wasserbächen,
der seine Frucht bringt zu seiner Zeit, und dessen
Laub nicht verwelkt; alles was er tut, gelingt ihm.*
Psalm 1,1-3

*»Ihr habt nicht mich erwählt,
sondern ich habe euch erwählt
und euch gesetzt, dass ihr hingeht
und Frucht bringt und eure Frucht bleibe.«*
Johannes 15,16

Jeder Christ wird geistlich Frucht tragen - irgendwo, irgendwann, irgendwie. Ist es nicht so, dann ist diese Person nicht gläubig. Jeder Wiedergeborene wird geistlich fruchtbar sein. Unfruchbar sein heißt, treulos zu sein - ohne Glauben, und deshalb ohne Heil.

Drei Einschränkungen

Wenn ich das so wie hier sage, dann müssen unbedingt drei Einschränkungen gemacht werden.

Erstens bedeutet es nicht, dass ein Gläubiger *immer* fruchtbar sein wird. Wenn wir einräumen, dass es Stunden und Tage geben kann, während deren ein Gläubiger geistlich unfruchtbar ist, warum sollten dann nicht auch Monate oder gar Jahre des gleichen Zustands möglich sein? Paulus ermahnte die Gläubigen, sich guter Werke zu befleißigen, um nicht unfruchtbar zu sein (Tit 3,14). Auch Petrus ermahnte die Gläubigen, ihrem Glauben die Kennzeichen christlichen Handelns hinzuzufügen, damit sie nicht unfruchtbar würden (2Petr 1,8). Offensichtlich zeigen beide Bibelstellen die Möglichkeit an, dass ein Gläubiger geistlich unfruchtbar sein kann. Und die einfache Tatsache, dass Paulus wie Petrus dazu ermahnen fruchtbar zu *sein*, zeigt an: Gläubige sind *nicht immer geistlich fruchtbar.*

Zweitens bedeutet es nicht, dass jemandes geistliche Frucht äußerlich sichtbar wird. Selbst wenn ich die betreffende Person kenne und einigermaßen regelmäßigen Kontakt mit ihr habe, ist es immer noch möglich, dass ich ihre Frucht nicht erkenne. Tatsächlich könnte ich sogar gute Gründe für Zweifel an ihrer

Gläubigkeit daraus ziehen, dass ich keine Frucht bei ihr sehe. Die geistliche Frucht dieser Person mag sehr verborgen oder wechselhaft sein. Aber die Tatsache, dass ich sie nicht sehen kann, bedeutet nicht, dass es sie nicht gibt.

Drittens könnte mein Begriff davon, was geistliche Frucht ist, fehlerhaft und/oder unvollständig sein und damit auch meine Vorstellung von dem, was ich bei meinem Gegenüber als geistliche Frucht erwarte. Allzuleicht trägt man eine Liste von Geistesfrüchten mit sich im Kopf umher und zieht daraus den Schluss, jemand sei kein Gläubiger, weil er nicht nach meiner Liste funktioniert. Die Wirklichkeit ist jedoch, dass die meisten Listen, die wir Menschen ersinnen, allzu unausführlich, allzu wählerisch, allzu voreingenommen und oft nicht biblisch sind. Gott hat vermutlich eine viel genauere und ausführlichere Liste als die meisten von uns.

Nichtsdestoweniger wird jeder Christ Frucht tragen - andererseits ist er oder sie kein wirklich Gläubiger. Wenn Paulus vom Richterstuhl Christi spricht, sagte er eindeutig, dass jeder Gläubige von Gott belobigt werden wird (1Kor 4,5).

BEKEHRUNGEN AUF DEM STERBEBETT

Wie verhält es sich denn, nebenbei gesagt, mit Bekehrungen auf dem Sterbebett? Wird so jemand - angenommen, die Bekehrung war echt - Frucht tragen? Nehmen wir einmal an, die betreffende Person starb unmittelbar nachdem sie Christus angenommen hat. Wie könnte sie dann Frucht tragen? Dafür war einfach keine Zeit mehr. Sind Bekehrungen auf dem Sterbebett eine Ausnahme der Feststellung, dass jeder Gläubige geistliche Frucht bringen wird? Vielleicht nicht. Einerseits erfährt jemand, der sich im Verlauf irgendeines Lebensabschnitts bekehrt, Frieden mit Gott, und Frieden ist eine Frucht des Geistes. In einigen Fällen mag man diesen Frieden in der Gelassenheit des Sterbenden erkennen. Aber ob von anderen erkannt oder nicht, ist es nicht dennoch Frucht?

Zum anderen sagte unser Herr, wenn sich jemand bekehre, dann sei Freude bei den Engeln Gottes (Lk 15,10). Ist das nicht Frucht, die ein Mensch, auf dem Sterbebett bekehrt und unmittelbar darauf gestorben, trägt? Es ist nicht das notwendigerweise Frucht, was von anderen Menschen gesehen wird (wenn es nicht unmittelbar vor seinem Heimgang Augenblicke gibt, in denen Familie und Freunde die Veränderung bemerken oder von ihr hören). Aber es ist Frucht, die von den Engeln im Himmel gesehen und wohlbeachtet wird. Der Bericht von einer Bekehrung auf dem Sterbebett mag im Leben anderer sehr bald oder sehr spät nach dem Heimgang des so Bekehrten Früchte tragen. Berichte solcher Geschehnisse sind bei Bestattungsfeiern nicht selten. So kann vermutlich mit Wahrhaftigkeit gesagt werden, dass jeder Gläubige Frucht tragen wird: irgendwo (im Himmel und/oder auf der Erde), irgendwann (regelmäßig oft oder in Unbeständigkeit während seines Lebens), irgendwie (offenbar und/oder im Verborgenen).

So führt die Frucht den Beweis des rettenden Glaubens. Dieser Beweis kann stark oder schwach sein, gleichmäßig oder unstet, sichtbar oder nicht. Aber rettender, lebendiger Glaube wirkt.

Die Relativitätstheorie

Wer eine Ansicht vertritt, nach der die Rettung von Herrschaft oder Jüngerschaft oder Meisterschaft abhängt, wird nicht (vielleicht wäre es besser zu sagen »kann nicht«) unvoreingenommen über diese Angelegenheit diskutieren. Ihre Anhänger sagen, der Kern des rettenden Glaubens sei »bedingungslose Kapitulation, ein völliges Aufgeben des Eigenwillens und vollkommene Unterwerfung«[1]. Wahrer Glaube, so wird gelehrt, »fängt mit Demut an und bringt dann Früchte des Glaubens«[2]. - »Die Errettung ist nur für den, der willig ist, alles zu verlassen.«[3] - »Rettender Glaube ist ein Versprechen, die Sünde zu fliehen und

Jesus Christus zu folgen, koste es, was es wolle. Jesus nimmt niemanden an, der zu diesen Bedingungen nicht bereit ist.«[4] - »Das ewige Leben verursacht den augenblicklichen Tod des eigenen Ichs.«[5] - »Alles zu verlassen um Christi willen ist kein freiwilliger Schritt der Nachfolge nach der Bekehrung, sondern das *sine qua non*[6] des rettenden Glaubens.«[7]

Was ist aber, wenn ich Christus nun nicht um jeden Preis nachfolge? Was ist, wenn ich in meinem späteren Leben nicht mehr bereit sein sollte, etwas bestimmtes zu verlassen? Nehmen wir einmal an, mir mangelt der unbedingte Gehorsam. Was ist, wenn ich mir etwas zurücknehme, das ich früher einmal dem Herrn gegeben habe? Wie berechne ich den notwendigen Ertrag an geistlicher Frucht, der mir die Sicherheit geben kann, wirklich »gläubig« zu sein - in dem Sinn des Begriffes, der von der Lehre der Errettung durch Herrschaft oder Meisterschaft vertreten wird? Oder wie berechne ich den Umfang der Loslösung, der noch toleriert wird, ohne dass ich bezweifeln muss, ob ich noch den rettenden Glauben habe oder ob ich tatsächlich bereits verloren habe, was ich einmal besaß?

Trotz ihrer strengen Anforderungen an das, was sie rettenden Glauben nennt, muss die Lehre der Errettung durch Herrschaft hierauf antworten. Sie muss entweder sagen, dass ein ungehorsamer Christ sein Heil verliert, oder dass es eine Toleranzspanne für Ungehorsam im christlichen Leben gibt. Da viele Anhänger der Lehre die Heilssicherheit des Gläubigen vertreten, stellt man sich zu der zweiten Möglichkeit.

So kommt es zu Feststellungen wie dieser: »Ein Augenblick der Schwäche macht einen Jünger nicht für immer unbrauchbar.«[8] Meine sofortige Reaktion auf so eine Feststellung ist eine Frage: Würden denn zwei Augenblicke dazu führen? Oder eine Woche des Losgelöstseins oder ein Monat oder ein Jahr? Vielleicht zwei Jahre? Wie ernst muss das Versagen sein und wie lange muss es anhalten, ehe wir annehmen dürfen, dass die betreffende Person in Wirklichkeit gar nicht errettet war? Die Lehre der Errettung durch Herrschaft räumt ein: »Niemand wird vollkommen gehorsam sein.«[9] Die grundlegende Frage ist aber doch: Wie weit darf die Unvollkommenheit gehen, die jemandes Gehorsam kennzeichnet; bis zu welchem Punkt darf jemand sicher sein, im Sinne der Lehre »zu glauben«? »Errettung bedeuet eine völlige Umgestaltung«[10] - wenn es so ist und wenn ich dieses Erfordernis nicht erfülle, bin ich dann nicht errettet? Oder, wenn meine Umformung auf irgendeiner Stufe meines christlichen Lebens geringer ist als völlig, war ich dann am Beginn dieses christlichen Lebens nicht errettet?

Stellen wir uns einmal vor, ich sei von Beginn meines Glaubenslebens an bereit gewesen, alles zu verlassen; später aber hätte ich diese Bereitschaft oder einen Teil davon zurückgewiesen. Wie muss ich nun meine Errettung betrachten? Angenommen, die Bereitschaft sei dagewesen, als ich gläubig wurde, dann war ich gemäß der Lehre von der Errettung durch Herrschaft wirklich errettet. Und wenn ich an die ewige Heilssicherheit glaube, dann kann ich dieses Heil nicht verlieren. Da stehen wir nun wieder vor einem relativen Betrag oder Grad des Ungehorsams im christlichen Leben, der toleriert werden kann, ohne den ursprünglichen Empfang des Heils in Frage stellen zu müssen. Ein Augenblick der Abweichung, so hat man uns gelehrt, macht nicht ungültig. Oder: »Anders als der falsche Jünger wird ein wahrer Jünger niemals endgültig weggehen.«[11] Könnte er sich *beinahe vollständig* abkehren? Oder neunzig Prozent? Oder fünfzig Prozent und dennoch seiner Errettung sicher sein? Des weiteren wird gesagt, der Antrieb, der uns jeden Augenblick dazu veranlassen kann zu versagen, mache den Unterschied aus - darin erweise sich, ob unser Glaube echt sei oder falsch. Der Antrieb der Furcht, heißt es, sei zulässig, der Antrieb des Verrats sei es nicht.[12]

Freilich, diese ganze Relativität verwirrt und verunsichert mich. Jede Loslösung, besonders wenn sie andauert, macht mich zusehends meines Heils unsicher; desgleichen jede ernste Sünde oder Unwilligkeit. Komme ich auf der Straße meiner christlichen Erfahrung an eine Weggabelung, wähle dort die falsche Bahn und fahre auf ihr fort - bedeutet das, ich bin niemals auf dem christlichen Weg gewesen? Wie lange darf ich fruchtlos sein, ehe ein Vertreter der Errettung durch Herrschaft zu dem Schluss kommt, ich sei niemals wirklich errettet gewesen?

Man bedenke auch die möglichen Verflechtungen dieser Art von Relativität im Hinblick auf Großevangelisation, Kinderevangelisation, Studentenevangelisation. Soll der Evangelist seine Evangelisationshelfer anweisen, dass sie diejenigen auf ihre Plätze zurückschicken, die nicht die Bereitschaft zeigen, um ihrer Errettung willen alles zu verlassen?

Sollen die Kindermitarbeiter ihre junge Zuhörerschaft mit Fragen konfrontieren, wie sie unter schwierigen Möglichkeiten der Lebensveränderung wählen sollen, die sie sich noch nicht einmal vorstellen können und mit denen sie sich noch weitere zehn oder fünfzehn Jahre lang überhaupt nicht auseinanderzusetzen brauchen? Wenn später einmal eines dieser Kinder, nun erwachsen, eine falsche Wahl trifft - war es dann all die zurückliegenden Jahre nicht errettet? Oder - wenn wir einräumen, dass ein Gläubiger eine falsche Wahl treffen kann - kann er auch zwei falsche Entscheidungen treffen oder zweihundert, und dennoch errettet sein?

Sollte der Studentenmissionar auf dem Campus darauf bestehen, dass ein Student, der Christus annehmen will, damit warten soll, bis er ein unmoralisches Verhältnis gelöst hat? Kann so jemand an einem Abend bei der Abendversammlung errettet sein und die gleiche Nacht in einer fortgesetzten ehebrecherischen Beziehung verbringen? Oder kann er zwei oder drei Tage lang die besagte Beziehung unterbrechen? Oder zwei Wochen oder mehrere Monate? Ist dieser Mensch in der dazwischenliegenden Zeit wiedergeboren?

Was sind biblische Früchte?

Doch zurück zur biblischen Lehre von den Früchten des Geistes. Was ist Frucht? Eigentlich sollte die Frage im Plural gestellt werden: Was sind die Früchte, die ein Christ tragen kann? Das Neue Testament gibt einige Antworten auf diese Frage.

Erstens: Eine sich entwickelnde christliche Persönlichkeit ist in sich selbst Frucht. Wenn das Ziel des Christenlebens als Christusähnlichkeit bezeichnet werden kann, dann muss sicherlich jeder entwickelte Charakterzug in uns, der Christi Persönlichkeit widerspiegelt, Frucht sein, die ihm sehr gefällt. Paulus beschreibt die Frucht des Geistes in Galater 5,22-23 mit neun Begriffen, und Petrus betont die Entwicklung von sieben Begleiterscheinungen des Glaubens, damit wir fruchtbar seien (2Petr 1,5-8). Zwei dieser Begriffe sind in beiden Aufstellungen enthalten: Liebe und Enthaltsamkeit. Die anderen sind Freude, Friede, Langmut, Freundlichkeit, Güte, Treue, Sanftmut, Tugend, Erkenntnis, Ausharren, Gottseligkeit und Bruderliebe. Diese Charakterzüge in seinem Leben erkennen zu lassen bedeutet, Frucht zu tragen.

Zweitens: Der rechte Charakter wird das rechte Verhalten hervorrufen, und wenn wir in guten Werken leben, bringen wir Frucht hervor (Kol 1,10). Das geht einher mit Wachstum in der Erkenntnis Gottes, denn während wir lernen, was ihm gefällt, werden sich unsere fruchtbaren Werke zunehmend dieser Erkenntnis anpassen. Als Paulus zum Ausdruck brachte, er sei zwischen den beiden Möglichkeiten hin- und hergerissen, entweder zu sterben und bei Christus zu sein oder aber in diesem Leben zu verharren, da sagte er, dieses Leben bedeute Frucht der Arbeit (Phil 1,22). Dieser Ausdruck könnte entweder bedeuten, dass seine Arbeit selbst Frucht war oder dass aus seiner Arbeit Frucht erwachsen würde. In jedem Fall waren sein Leben und sein Werk Frucht. So sollte es auch bei uns sein.

Drittens: Die durch unser Zeugnis zu Christus finden, sind Frucht. Paulus sehnte sich danach, Rom zu besuchen, um dort durch seinen Dienst einige Frucht zu erlangen (Röm 1,13). Er bezeichnete die Bekehrung von Stephanas und seinem Haus als Erstlingsfrucht von Achaja (1Kor 16,15).

Viertens: Wir können auch mit unseren Lippen Frucht hervorbringen, indem wir Gott Lobpreis darbringen und dankbar seinen Namen bekennen (Hebr 13,15). Mit anderen Worten: Unsere Lippen bringen Frucht hervor, wenn wir dem Namen Gottes dankbar Anerkennung zollen. Und das ist etwas, was wir fortgesetzt tun sollten.

Fünftens: Wir tragen Frucht, wenn wir Geld geben. Paulus nannte das Zusammentragen des Geldes für die Versorgung der ärmeren Heiligen zu Jerusalem Frucht (Röm 15,28). Auch, als er den Philippern für die materielle Unterstützung seines Dienstes dankte, sagte er, ihr Geben sei Frucht, die sich zugunsten ihrer Rechnung mehre (Phil 4,17).

Zusammengefasst schließt Frucht ein: *erstens* eine christusähnliche Persönlichkeit; *zweitens* ein von guten Werken bestimmtes Leben; *drittens* ein treues Zeugnis; *viertens* Lippen, die Gott loben und *fünftens*, dass man großzügig gibt.

MEHR FRUCHT TRAGEN

Wie können wir unser Leben fruchtbarer gestalten?

Aus der Lehre unseres Herrn über das Fruchttragen (Joh 15,1-17) gewinnen wir zwei Antworten auf diese Frage. Er teilte seinen Jüngern (Judas hatte die Gruppe bereits verlassen) mit, er habe sie ausersehen, hinzugehen und Frucht zu tragen (Vers 16); und in dem vorausgegangenen Gespräch hatte er sie gelehrt, wie das zu bewerkstelligen sei.

Hier werden zwei Dinge miteinander verknüpft - das Beschneiden zur Reinigung (Vers 2) und das Bleiben am Weinstock (Vers 4). Jene, die schon Frucht bringen, bedürfen der

Beschneidung, um mehr Frucht zu bringen. Und jene, die mehr Frucht tragen, müssen am Stock bleiben, um viel Frucht zu tragen.

Die Beschneidung zur Reinigung der Rebe

Zuerst sagt der Herr, der Winzer (Gott der Vater) werde etwas mit den Fruchtlosen tun. Sind diese Menschen echte Gläubige oder Bekenntnisgläubige? Viele verstehen diese Stelle so, dass er hier die Bekenntnisgläubigen meint, die äußerlich mit der Gemeinde verbunden sind, die aber niemals persönlich den Heiland angenommen haben. Vers 6 scheint diese Sicht zu unterstützen, wenn man an ewige Heilssicherheit glaubt. Mit anderen Worten: Da wahre Gläubige in Ewigkeit ihres Heils sicher sind, müssen die Äste, die weggenommen (Vers 2) oder in das Feuer geworfen werden (Vers 6), Bekenntnisgläubige sein, denn die wahren Gläubigen können ihr Heil nicht verlieren. Wenn man nicht an die ewige Heilssicherheit glaubt, dann können sie auch wahre Gläubige sein, die ihr Heil verloren haben.

Andere wiederum sehen hier fruchtleere Gläubige, da von ihnen gesprochen wird als von solchen, die in Christus sind (Vers 2) und weil der Herr hier nur zu den elf Jüngern spricht, da Judas die Gruppe bereits verlassen hatte. Ist das der Fall, was macht der Winzer dann mit den fruchtlosen Christen? Er wird sie abschneiden oder aufrichten (das Verb mag so oder so übersetzt werden; Joh 1,29; 5,8). Müssen wir es so verstehen, dass er sie abschneidet, dann bedeutet das, dass sie durch den physischen Tod von der Erde weggenommen werden. Dies ist eine Warnung ähnlich der in Vers 6. Verstehen wir hier aber die Bedeutung, dass er unfruchtbare Gläubige aufrichtet, dann steht dahinter der Gedanke, dass Gott Fruchtlose ermutigt Frucht zu tragen, indem er sie dem Sonnenschein des Lebens aussetzt.

»Um sie in einem trockenen Land feucht zu erhalten, ließ man die Weinreben sich über den Boden ausbreiten, bis sie zu knospen begannen. Dann wurde es notwendig, dass der Weingärtner die Reben vom Boden weg anhob, damit die Blüten keimen konnten. Die Weinreben wurden dabei entweder auf Stöckchen oder auf Steine gelegt. So wurden sie in eine Stellung gebracht, in der sie Frucht tragen konnten.«[13]

Wenn diese hier beschriebenen Personen also fruchtlose Gläubige sind, dann wird sie der Winzer entweder im Gericht wegnehmen oder, was meiner Ansicht nach wahrscheinlicher ist, er wird ihnen Orientierung geben und sie segnen, wenn er sie vom Boden aufhebt, und wird sie in eine Stellung versetzen, in der sie Frucht tragen können.

Was ist aber mit den Zweigen, die *schon* Frucht *tragen*? Er beschneidet sie, damit sie mehr Frucht tragen können. Bei dieser Beschneidung entfernt der weise, liebende Winzer alles Nutzlose, das die Kraft des Zweiges schwächt und ihn daran hindert, mehr Frucht zu tragen. Das kann die Entfernung alles wenig Hilfreichen, alles Nutzlosen und alles Schädlichen aus unserem Leben einschließen. Das kann Züchtigung bedeuten (Hebr 12,5-11), leibliche Beeinträchtigungen (2Kor 12,7-10), materielle Verluste (Hebr 10,34), den Verlust der Familie (Jak 1,27) und ungerechtfertigte Verfolgung (1Petr 4,12-16). Was auch immer zum Tragen kommen wird - unser Vater lässt es weise geschehen, damit wir mehr Frucht tragen können.

Diese Prozesse des Beschneidens oder Reinigens (das gleiche Wort wird in Johannes 15,2-3 verwendet) kommen um des Wortes unseres Herrn willen. Die Jünger hatten das bereits erfahren, mussten aber - wie andere, die nach ihnen kommen würden - ständig weiter gereinigt werden. Das Wort Gottes ist untrennbar verbunden mit Beschneidung und Reinigung.

In Christus bleiben

Was geschieht aber mit den Zweigen, die schon mehr Frucht tragen? Der Vater ist mit ihnen noch nicht fertig oder gar zufrieden. Er sehnt sich danach, dass sie viel Frucht tragen mögen, und der Weg zu diesem Ziel heißt: in Christus bleiben oder verharren (Joh 15,4-10).

Was bedeutet das: Bleiben in Christus? In einfachsten Worten ausgedrückt bedeutet es, seine Gebote zu halten. Der Herr sagt es in Vers 10, und Johannes wiederholt es in 1. Johannes 3,24. Und so eine Definition ist sinnerfüllt, denn je mehr wir ihm gehorchen, desto stärker verharren wir in ihm. Sind wir ungehorsam, dann verharren wir nicht, sondern wir entfernen uns vielmehr. Wer Gottes Wort gehorcht wird schon einfach deshalb viel Frucht tragen, weil er Gottes Willen tut, wie er ihn aus seinem Wort kennenlernt.

Bleiben in Christus bringt noch weiteren Gewinn: erhörliches Gebet (Vers 7). Wiederum eine sinnvolle Definition, denn wer Gottes Wort gehorcht, weiß am besten, wie nach dem Willen Gottes zu beten ist, und natürlich werden solche Gebete erhört. Bleiben in Christus, Bitten und Empfangen, sowie das Hervorbringen von viel Frucht beweisen, dass wir Jünger sind (Vers 8). Soweit es diese Textstelle betrifft, sind Jünger solche, die eine vertraute Beziehung und gereifte Erfahrung mit dem Herrn haben, in dem sie bleiben. Diese Jüngerschaft ist weit mehr als die einfache Bereitschaft, den Willen Gottes zu tun - sie besteht darin, diesen Willen unbedingt und beständig zu tun.

Diese Textpassage ist von Weiterentwicklung gekennzeichnet - keine Frucht, Frucht, mehr Frucht, viel Frucht. Aber wo Weiterentwicklung ist, kann es auch Rückgang geben. Offenbar können Gläubige in der Fruchtbarkeit zurückfallen. Sehr fruchtbare Gläubige können zurückfallen und weniger Frucht tragen, und vermutlich können sie sogar für einen gewissen Zeitraum in einen völlig fruchtleeren Zustand zurückgleiten. Und dies, ohne dabei ihr Heil zu verlieren oder sich sagen lassen zu müssen, sie hätten dieses Heil niemals besessen. Die Folge von Ungehorsam gegenüber Gottes Geboten wird ebenso sicher Rückschritt bedeuten, wie Gehorsam Fortschritte bringt. Johannes 15,6 enthält eine ernste Warnung vor Ungehorsam (nicht in Christus zu bleiben) und vor der daraus folgenden Unfruchtbarkeit. Solche Gläubige bekommen keine weiteren Gelegenheiten, Frucht zu tragen. Ihr Zweig verblüht, und wenn die Unfruchtbarkeit unverändert fortschreitet, dann werden sie vor dem Preisrichterstuhl Christi keine Belohnungen erhalten (1Kor 3,15; 2Jo 8). (Meiner Ansicht nach bezieht sich der letzte Teil von Vers 6 auf dieses kommende Preisgericht.) Ab welchem Punkt im Leben dem ungehorsamen Gläubigen weitere Gelegenheiten versagt bleiben werden, teilt der Herr nicht mit, aber sicher kann das ab einem bestimmten Punkt geschehen.

Sowohl Unfruchtbarkeit als auch Fruchtleere können die Erfahrung eines Gläubigen sein. Und Frucht wird, wie der Herr an anderer Stelle sagt, in unterschiedlichem Umfang hervorgebracht: dreißig-, sechzig- oder hundertfältig (Mt 13,8). Wenn die Charakterzüge aus 2. Petrus 1,5-7 vorliegen, dann werden wir nicht fruchtleer sein. Sind sie aber nicht vorhanden, dann *sind* wir fruchtlos.

Kann dieser Zustand nicht eine gewisse Zeit lang anhalten? Erinnern wir uns - sogar die Lehre der Errettung durch Herrschaft oder Jüngerschaft oder Meisterschaft räumt ein, dass er »einen Moment lang« anhalten kann. Wenn einige Früchte des Geistes vorhanden sind, andere aber nicht, dann können wir in der Tat zu einer Zeit fruchtbarer sein und zu einer anderen weniger fruchtbar. Man beachte auch, gemäß 2. Petrus 1,5, dass wir durch unseren Glauben mit diesen Charakterzügen versorgt werden. Mit anderen Worten: Der Glaube ist bereits angenommen und gegenwärtig, dann erst erhalten wir diese zusätzlichen Eigenschaften. Nicht Unfruchtbarkeit muss unsere Erfahrung sein, sondern Frucht die Fülle durch die Gnade Gottes kann und wird es sein. Jeder Christ wird Frucht tragen. Irgendwo, irgendwann, irgendwie.

6

GIBT ES FLEISCHLICHE CHRISTEN?

»Die feste Speise aber ist für Erwachsene, die infolge der Gewöhnung geübte Sinne haben zur Unterscheidung des Guten wie auch des Bösen.«
Hebräer 5,14

»Seid wie neugeborene Kinder begierig nach der vernünftigen, unverfälschten Milch - damit ihr durch sie wachset zur Errettung -, wenn ihr wirklich geschmeckt habt, dass der Herr gütig ist.«
1. Petrus 2,2-3

Kann ein wiedergeborener Christ fleischlich sein? Oder ist Fleischlichkeit ein Kennzeichen für einen unerretteten Menschen? Ist beides möglich? - Ehe wir darangehen, diese grundlegenden Fragen zu erörtern, könnte die Klärung von zwei wichtigen Aspekten hilfreich sein.

Wer lehrt, dass Christen fleischlich sein können, der muss - so wird weithin vermutet - logischerweise auch zu dem Schluss kommen, dass es Gläubige geben kann, die in ihrem ganzen Leben niemals Frucht irgendwelcher Art tragen. Mit anderen Worten: Man nimmt an, dass die Lehre über Fleischlichkeit bei Christen automatisch den Gedanken einschließt, die Fleischlichkeit könne ein Leben lang anhalten und so umfassend sein, dass fleischliche Gläubige niemals irgendwelche Frucht tragen und doch wirklich errettet sein können. Aber das ist nicht wahr, denn alle Gläubigen werden Frucht tragen; manche dreißig-, manche sechzig- und manche hunderfältig (Mt 13,8). Wenn nicht, dann sind sie nicht im Besitz des neuen Lebens.

Manchmal behaupten Vertreter der Lehre, dass Christen fleischlich sein können, dass die Lehre der Errettung durch Herrschaft, Jüngerschaft oder Meisterschaft keinerlei Konzept über Fleischlichkeit in sich bergen könne. Sie meinen, da Christus der Herr des Lebens sei, könne neben ihm logischerweise in diesem Leben keine Fleischlichkeit bestehen. Offensichtlich werden jedoch auch ernsthaft bekehrte Christen ungehorsam und somit fleischlich (oder rebellisch oder rückfällig, wie auch immer man es nennen will). Vertreter der Errettung durch Herrschaft geben das zu. Ungeachtet dessen ziehen es einige Verteter dieser Lehre vor zu behaupten, so etwas wie einen fleischlichen Christen gebe es nicht, obwohl Christen durchaus fleischliche Dinge tun können.

Was bedeutet Fleischlichkeit?

Was ist Fleischlichkeit? Nach dem griechischen Wörterbuch bedeutet es, Natur und Eigenschaften des Fleisches zu haben (oder einfacher: es bedeutet »sinnlich«). Was ist denn das Fleisch? Manchmal bezieht sich der Begriff auf den Teil des Menschen, der aus Materie besteht (1Kor 15,39; Hebr 5,7), und auf dieser Bedeutung fußend, bezieht sich Fleischlichkeit auch auf andere materielle Dinge wie etwa Geld (Röm 15,27) oder auf das Gegenteil unserer geistlichen Waffenrüstung (2Kor 10,4). Aber das Wort *Fleisch* hat auch einen übertragenen Sinn, wenn es sich auf unsere Stellung zur Sünde bezieht oder auf unsere Gegnerschaft oder Verleugnung Gottes in unserem Leben. Das Fleisch ist gekennzeichnet von Werken, die Lüste und Leidenschaften beinhalten (Gal 5,19-24; 1Jo 2,16); es kann jemanden versklaven (Röm 7,25) und in ihm ist nichts Gutes (Röm 7,18). Fußend auf dieser Bedeutung des Wortes *Fleisch* bedeutet fleischlich sein, Merkmale an den Tag zu legen, die einem unerretteten Leben angehören (Eph 2,3).

Haben wir wenigstens eine vorläufige Antwort auf die Frage, die sich uns am Beginn dieses Kapitels gestellt hat? Wenn sich Fleischlichkeit auf die Lebensführung oder das Lebensprinzip eines unerneuerten Lebens bezieht, dann kann man offenbar von einem unerretteten Menschen sagen, er sei fleischlich oder fleischlich gesinnt. Aber - können Gläubige nicht ebenso diese Charakterzüge an den Tag legen? Ist es so, dann kann ein Gläubiger unter gewissen Umständen als fleischlich bezeichnet werden. Wenn wir erst verstehen, was Fleischlichkeit ist, dann haben wir eine bessere Ausgangslage für die Beantwortung der Frage: »Auf wen kann der Begriff angewendet werden?«

Zeigt die Heilige Schrift, dass sowohl Gläubige wie Ungläubige fleischlich genannt werden können? Ich denke ja.

Ungläubige sind fleischlich - Gläubige können es sein

In Römer 8,5-8 stellt Paulus zwei Arten von Menschen gegenüber: Jene, deren Sinn auf das Fleisch (auf das Sinnliche) und jene, deren Sinn auf den Geist gerichtet ist. Die Erstgenannten kennen nur den Tod (jetzt und in der Zukunft), die Letztgenannten Leben und Frieden (jetzt und in der Zukunft). Dass mit der Gruppe der Erstgenannten Ungläubige gemeint sind, wird klar aus Römer 8,9, da nur Gläubige den Heiligen Geist haben. So kennzeichnet »fleischlich sein« - also, gemäß dem Fleisch zu leben - eigentlich Ungläubige.

Aber »fleischlich« kann auch Gläubige beschreiben. Wieso? Einfach deshalb, weil solche Gläubige leben und handeln wie unerrettete Menschen (1Kor 3,1-14). Woher wissen wir, dass die Menschen, von denen Paulus in dieser Textpassage spricht, Gläubige sind? Im ersten Vers der Passage spricht er sie als Brüder an und nennt sie »Säuglinge in Christus«.

Woher wissen wir, dass sie fleischlich waren? Paulus sagt es dreimal (Verse 1 und 3). In diesen zwei Versen gebraucht Paulus zwei verschiedene Wörter dafür. Das in Vers 1 benutzte Wort lautet *sarkinos*, das in Vers 3 zweimal gebrauchte *sarkikos*. Im Gegensatz vermutlich zu den meisten sehen manche keinen Unterschied in der Bedeutung der beiden Wörter. Wenn es einen Unterschied gibt, dann ist es dieser: *Sarkinos* bedeutet »fleischern«, das heißt schwach, ohne diesen Zustand mit einer Schuld zu verbinden. Im Fall der Korinther war die Schwäche eine Begleiterscheinung ihrer Unreife. Andererseits hat das Wort *sarkikos* eine ethische oder moralische Nebenbedeutung. Es bedeutet »vom Fleisch gekennzeichnet, etwas Mutwilliges, Schuldiges«. Das erste Wort bedeutet »aus Fleisch bestehend«, das zweite »vom Fleisch bestimmt«[1]. Wir müssen beachten, dass Paulus nicht bloß sagt, es gebe Christen, »die sich fleischlich verhalten, sie tun es auch«[2]. Er stellt vielmehr einfach fest: »Ihr seid fleischlich.« Wie kann da jemand behaupten: »Zeitgenössische Theologen haben um diese Personengruppe zu kennzeichnen, eigens eine Kategorie erfunden - den ›fleischlichen Christen‹«?[3] Offensichtlich ist eine derartige Bezeichnung für einige Christen keine Erfindung, sondern eine schriftgemäße Lehre.

Diese Lehre finden wir nicht nur bei zeitgenössischen Autoren. J.B. Lightfoot kommentiert 1. Korinther 3,1-3 und schreibt, dass *sarkikoi* (in Vers 3) die moralische Richtung ausdrückt, das Verlangen der Korinther nach ihrer Bekehrung.[4] Der niederländische Theologe Herman Bavinck stellt in einem 1886 erstmals veröffentlichten theologischen Werk fest: »Die Korinther waren gereinigt, geheiligt, gerechtfertigt im Namen des Herrn Jesus und durch den Geist Gottes (1Kor 6,11), und waren dennoch fleischlich (1Kor 3,1-4).«[5]

Johannes Calvin erkannte den Unterschied zwischen dem natürlichen Menschen, dem geistlichen Menschen und dem fleischlichen Menschen. Über letzteren schrieb er:

> »Aber er [Paulus] meint nicht, dass sie vollkommen fleischlich waren, ohne auch nur einen Funken des Geistes Gottes, aber dass sie noch allzu erfüllt waren vom Sinn des Fleisches, so dass das Fleisch den Geist überwog und - wie es aussieht - sein Licht auslöschte. Obwohl sie nicht ganz ohne Gnade waren, war in ihrem Leben doch mehr vom Fleisch als vom Geist, und deshalb nennt er sie Fleischliche. Das wird völlig klar durch seinen unmittelbaren Zusatz, sie seien »Säuglinge in Christus«. Denn sie wären keine Säuglinge, wenn sie nicht gezeugt worden wären, und diese Zeugung ist das Werk des Geistes Gottes.«[6]

Beweise der Fleischlichkeit

Welche Beweise gab es für die Fleischlichkeit der Korinther? Paulus charakterisiert sie ganz allgemein als wandelnd oder lebend nach Menschenweise (1Kor 3,3-4). Damit sind gewiss nicht die anderen christlichen Menschen gemeint, sondern die unerretteten Menschen dieser Welt. Paulus kann hier nur meinen, diese fleischlichen Korinther lebten wie unerrettete Menschen. Das erklärt, wieso das Wort *fleischlich* sowohl Ungläubige als auch Gläubige bezeichnen kann, wenn beider Lebensstil derselbe ist. Die Heilung für den Ungläubigen besteht in der Annahme des Heils; die Heilung für den Gläubigen heißt Wachstum im Herrn.

Wie genau beschreibt der Apostel Paulus Fleischlichkeit unter Christen?

1. Er vergleicht sie mit dem »Säuglingsalter in Christus«. Man beachte hier, dass solche Menschen »in Christus« sind. Die Bezeichnung macht wiederum deutlich, dass Paulus Gläubige und nicht unerrettete Menschen beschreibt. Mit anderen Worten: Fleischlichkeit kann den Stand eines Junggläubigen kennzeichnen, der noch ein schwaches, unreifes Baby ist. Wie ich schon sagte - das für *fleischlich* in Vers 1 gewählte Wort schließt scheinbar den Gedanken unverschuldeter Schwäche ein, die durch den Vergleich mit dem Säuglingsalter bestätigt wird. Dieser Mensch begreift nur die Milch des Wortes und verträgt noch nicht die feste Nahrung der Lehre. Tatsächlich gibt es viele Bereiche biblischer Wahrheit, die er nicht versteht und der er nicht entsprechen kann, und das bedeutet, er ist in vielen Teilbereichen seines Lebens noch unreif.

Was wären denn Beispiele für »Milchnahrung« und für »Fleischnahrung« der Wahrheit? Lightfoot beantwortet diese Frage so:

> »Offenbar gehört die Lehre vom gekreuzigten Christus

zur ersteren ... Die beste Auslegung dieser Textstelle bietet Hebräer 5,11 - 6,2, wo der Schreiber dieselbe Unterscheidung zwischen Milch und fester Nahrung macht und erstere beschreibt [in den sechs Begriffen in 6,1-2] ... Die Lehre der Rechtfertigung durch den Glauben, die als Grundlage der christlichen Lehre unter den Begriff der Milch fallen müsste, sollte doch in ihren komplexeren Verflechtungen als Fleischnahrung behandelt werden, und so geschieht es auch im Brief an die Römer. Wieder befragt, ob der heilige Paulus von lehrmäßigen oder geistlichen Wahrheiten spricht, lautet unsere Antwort, dass die beiden im Christentum nicht zu trennen sind.«[7]

2. Paulus beschreibt Fleischlichkeit unter Christen auch als fortgesetzte Unreife jenseits dessen, was unter normalen Umständen zu erwarten sein sollte: »Ihr seid *noch fleischlich*« (1.Kor 3,3). Das Wort unterscheidet sich ein wenig von dem zuvor gebrauchten und enthält den Gedanken der Vorsätzlichkeit. In Korinth äußerte sich diese vorsätzliche Fleischlichkeit in Eifersucht und Unfrieden sowie in den Spaltungen, die Paulus in 1. Korinther 1,12 beschreibt. Was für einen Gegensatz bildet solch unreifes Verhalten gegenüber der Geistlichkeit und Reife, die aus stetigem, gesundem Wachstum kommt.

WIE LANGE?

Wie lange darf es dauern, ehe man einen Gläubigen als geistlich erachten kann? Als Paulus seinen ersten Brief an die Korinther schrieb, waren die Gläubigen seit etwa fünf Jahren auf dem Weg des Glaubens, und er erwartete, sie als Geistliche anreden zu können (3,1). Aber selbst dann muss weiteres Wachstum erfolgen, müssen mehr Schlachten geschlagen, müssen mehr Kenntnisse erworben, muss mehr Vertrautheit gewonnen werden.

Wie lange kann ein Gläubiger vorsätzlich fleischlich oder widersetzlich sein? Wer kennt eine genaue Antwort auf diese Frage? Sicherlich lange genug, um Werke von Holz, Heu und Stroh zu sammeln, für die er keine Belohnung erhalten wird (1Kor 3,12). Aber irgendwo, irgendwann wird auch er irgendwelche Werke tun, was Christi Lob verdient (1Kor 4,5).

Wie sehr?

Geht es hier um ein entweder/oder? Ist jemand zu einem gewissen Zeitpunkt entweder fleischlich oder geistlich? Ganz sicher gebrauchte Paulus das Etikett »fleischlich« für einige der Korinther, ohne dabei vorauszusetzen, sie seien nur teilweise fleischlich gesinnt. Doch wir wissen erfahrungsgemäß wie auch aus der Bibel, dass Fleisch und Geist in dem Gläubigen widerstreiten, was anzuzeigen scheint, dass es in einem Menschen gleichzeitig Bereiche der Fleischlichkeit und der Geistlichkeit geben kann (Gal 5,17). Anstatt sich verschiedene Grade von Fleischlichkeit und Geistlichkeit vorzustellen, sollten wir vielleicht an fleischliche *und* geistliche Bereiche denken, die die Erfahrung eines Menschen bestimmen, der im Glauben wächst.

Wie ernst?

Wie ernst können die Beweise für Fleischlichkeit bei einem Gläubigen sein? Ist Fleischlichkeit bloß eine momentane Abweichung? Oder eine oberflächliche Angelegenheit, keine ernste Sache? Um diese Frage beantworten zu können wollen wir einige der Sünden betrachten, die von Gläubigen getan werden, wie Petrus sagt.

Der erste Brief des Petrus richtet sich an die »Auserwählten« (1,2), um ihnen die wahre Gnade Gottes zu bezeugen (5,12). Bei der Besprechung des Themas Verfolgung unterscheidet Petrus zwischen der Verfolgung, die Christen sich durch ihr eigenes Fehlverhalten selbst zugezogen haben und jener, die sie um Christi willen erleiden. Wenn Christen um des Namens Christi willen geschmäht werden, oder wenn sie leiden, weil sie Christen sind, dann wird Gott verherrlicht (4,14.16).

Zwischen diesen beiden Versen aber ermahnt Petrus seine Leser, nicht »als Mörder oder Dieb oder Übeltäter oder als einer, der sich in fremde Sachen einmischt« zu leiden (Vers 15). Meint er, dass sich ein Gläubiger in fremde Angelegenheiten einmischen könnte? Hier mit Ja zu antworten, erscheint nicht allzu schwierig. Meint er, ein Gläubiger könnte ein Übeltäter sein? Auch hier können wir uns zu einer bejahenden Antwort bequemen. Meint er, ein Gläubiger könnte ein Dieb sein? Vielleicht wird es jetzt ein wenig schwieriger, Ja zu sagen, es sei denn wir erinnern uns auch der Aussage des Paulus, dass Gläubige stehlen (Eph 4,28). Aber meint Petrus wirklich, ein Gläubiger könnte einen Mord begehen? Wenn es so ist, dann scheint das bestimmt der absolute Tiefpunkt der Fleischlichkeit zu sein. Wenn nicht, dann gibt es zwei Möglichkeiten: *Entweder* war der Mörder ein wahrer Gläubiger, der sein Heil verlor, als er den Mord beging. *Oder* er war überhaupt niemals errettet.

Ausleger zögern nicht mit dem Eingeständnis, dass sich Gläubige irgendeines beliebigen Verbrechens schuldig machen können, die in Vers 15 aufgelistet werden. »Petrus beglückwünscht jeden, der als Christ im Namen Christi verklagt wird, nicht aber als Mörder, als Dieb, als Übeltäter, als Wichtigtuer oder als einer, der sich in die Angelegenheiten anderer Leute einmischt.«[8] - »Daher muss Petrus hier meinen: ›Achte darauf, dass nichts derartiges mit Wahrheit gegen dich vorgebracht werden kann‹.«[9] - »Der Christ darf sich nicht Strafen für solche Taten zuziehen, aber für den Namen des Herrn zu leiden, ist nicht schandbar.«[10]

Jakobus erinnert uns daran, dass wir alle in vielerlei Weise straucheln (Jak 3,2). Keiner ist davon frei, ungeachtet dessen, wie ernst oder wie entschieden er auch sein mag. Wenn wir sündigen, dann ist das eindeutig und unwiderleglich falsch. Wenn wir ringen, muss das nicht notwendigerweise ein Zeichen dafür sein, dass wir nicht errettet, nicht entschieden, nicht geistlich wären.

> »Wir können uns über unsere Seelen trösten, wenn wir etwas wissen von dem inwendigen Kampf und Streit. Er ist der unveränderliche Begleiter wirklicher christlicher Heiligkeit ... Finden wir in unserem innersten Herzen ein geistliches Ringen? Spüren wir, wie das Fleisch wider den Geist gelüstet und der Geist wider das Fleisch, so dass wir nicht die Dinge tun können, die wir eigentlich gerne tun würden? Sind wir uns der beiden Grundsätze bewusst, die um die Vorherrschaft in uns streiten? Spüren wir etwas von dem Krieg in unserem inwendigen Menschen? Nun, so lasst uns Gott dafür Dank sagen! Es ist ein gutes Zeichen. Es ist der größtmögliche Beweis für das wunderbare Werk der Heiligung ... Das alles ist besser als Teilnahmslosigkeit, Stillstand, Leblosigkeit und Gleichgültigkeit.«[11]

7

NATÜRLICH IST ER DER HERR

»Darum hat Gott ihn auch hoch erhoben und ihm den Namen verliehen, der über jeden Namen ist, damit in dem Namen Jesu jedes Knie sich beuge, der Himmlischen und Irdischen und Unterirdischen, und jede Zunge bekenne, dass Jesus Christus Herr ist, zur Ehre Gottes, des Vaters.«

Philipper 2,9-11

Das Wort *Herr* kann ganz unterschiedlich angewandt werden. Beispielsweise könnte eine Frau ihren Gatten im Scherz als ihren »Herrn und Meister« bezeichnen. Dabei stehen die beiden Begriffe *Herr* und *Meister* als Synonyme nebeneinander. Ihr Gatte ist ihr Meister.

Wenn ich ein Treffen, sagen wir: mit einem Kirchenbischof, hätte, dann wäre ich sicherlich verpflichtet, ihn mit dem Ausdruck »mein Herr Bischof« anzusprechen. Hier ist *Herr* einfach ein ehrender Titel, mit dem ich mein Gegenüber gern respektvoll bezeichnen möchte. Da ich jedoch nicht der Kirche angehöre, deren Bischof er ist, erkenne ich ihn nicht in irgendeiner Hinsicht als meinen Meister an. Ich nehme keine Anordnungen von ihm entgegen. Ich respektiere ihn in seiner Position, und in dieser Hinsicht würde ich ihn als »meinen Herrn« ansprechen.

Wenn wir in unerklärliche Umstände geraten oder uns fürchten, in eine Falle zu gehen, dann könnten wir voller Verzweiflung ausrufen: »Herr, hilf!«, oder resignierend sagen: »Der Herr weiß es!« Beide Äußerungen anerkennen die Hoheit und Unabhängigkeit Gottes unter diesen gegebenen Umständen.

Eine Mischung

Wenn ich zu dem Herrn bete, mische ich oftmals und für gewöhnlich unbewusst verschiedene Bedeutungen des Wortes miteinander. Ich weiß, dass ich mich an einen Höherstehenden wende. Weil ich gläubig bin, erkenne ich diesen Höherstehenden als Gott an. Für gewöhnlich, aber bedauerlicherweise nicht immer mache ich mir klar, dass er mein Meister ist und dass die Angelegenheiten, um derentwillen ich zu ihm bete, seiner Kontrolle unterworfen sind. Oftmals enthalten meine Gebete zu dem Herrn auch die Vorstellung von einem Freund, Tröster, Führer und so weiter.

Eigentlich kann man nicht »Herr« oder »Herr Jesus« sagen, ohne dass darin die Vorstellung von einem Höhergestellten oder Herrscher eingeschlossen ist, auch dann nicht, wenn man selbst keine Beziehung zu diesem Herrn und zu seiner höheren Stellung oder Herrschaft hat.

Jesus als Herr

Natürlich ist Jesus Herr. Er ist Herr um seiner selbst willen. Er ist auch Herr der Schöpfung, Herr der Geschichte, Herr des Heils, Herr der Gemeinde, Herr der Jünger, Herr der Zukunft. Aber auch dann, wenn es gar keine Schöpfung gäbe, keine Geschichte, kein Heil, keine Gemeinde, keine Jünger und keine Zukunft - er war, ist und wird immer Herr sein.

Nun gibt es aber Schöpfung, Geschichte und Jünger. Wie ist er deren Herr? Die Antwort lautet: Er ist Herr auf verschiedene Weise und in unterschiedlichen Beziehungen. Für die Sünderin, die er am Jakobsbrunnen in Samaria traf, war er einfach »mein Herr«. Sie sprach ihn aus Höflichkeit mit der Anrede Herr an (Joh 4,11). Ein Hauptmann sagte »Herr« zu ihm und meinte damit Lehrer/Meister oder »mein Herr« wie die Frau am Jakobsbrunnen (Mt 8,6). In Hinsicht auf den Sabbat beanspruchte Jesus, sein Beherrscher zu sein (Mk 2,28). Seinen Jüngern sagte er, er sei ihr Herr und Meister (Joh 13,13-16). Thomas schrieb Jesus völlige Göttlichkeit zu, als er ihn seinen Herrn und Gott nannte (Joh 20,28). »Herr« kann sich auch auf Götzen beziehen (1Kor 8,5), auf den Eigentümer eines Tieres (Lk 19,33) oder auf den Ehemann (1Petr 3,6). So hat das Wort Herr im Neuen Testament eine Reihe von Bedeutungen und Beziehungen.

Römer 10,9-10

Was aber ist die Bedeutung des Wortes Herr in Römer 10,9-10? Dort schreibt Paulus:

> »Wenn du mit deinem Mund Jesus als Herrn bekennen und in deinem Herzen glauben wirst, dass Gott ihn aus den Toten auferweckt hat, du errettet werden wirst. Denn mit dem Herzen wird geglaubt zur Gerechtigkeit, und mit dem Mund wird bekannt zum Heil.«

Bedeuten diese Verse, dass man Jesus als Meister des eigenen Lebens bekennen muss, um errettet zu werden? Ganz ohne Frage, *Herr* bedeutet »unabhängiger Herrscher«. Aber sagt Paulus in dieser Textstelle, dass man Christus als Beherrscher seiner Lebenszeit auf der Erde empfangen muss, um errettet zu werden? Ein Autor schreibt hierzu, dass »das Heilshandeln Christi in Wirklichkeit verbunden ist mit dem Gehorsam ihm gegenüber.«[1] Wenn *verbunden mit* bedeutet »abhängig von« (wie dem Wörterbuch zu entnehmen ist), dann sagt diese Feststellung folgendes aus: Es ist von meinem Gehorsam gegenüber seiner Herrschaft oder Meisterschaft über mein Leben abhängig, ob Christus mein Heiland ist oder nicht.

Ein anderer Autor schreibt unter der Überschrift »Menschen zu Christus führen«: »Drittens, du musst etwas tun, um errettet zu sein. Erstens: Du musst Buße tun ... (Apg 3,19). Zweitens: Du musst deinen Glauben auf Jesus setzen ... (Eph 2,8). Drittens: Du musst dich Jesus als deinem Herrn (Vorgesetzen) unterwerfen ... (Röm 10,9).«[2]

Bedeutet *Herr* in dieser Passage »Vorgesetzter« oder »Meister von jemandes persönlichem Leben«? Nicht, wenn man Everett Harrison folgt, der schreibt:

> »›Jesus ist Herr‹ war die erste Glaubenskundgabe der Gemeinde (Apg 2,36; 1Kor 12,3). Diese große Wahrheit wurde

zuallererst von Gott anerkannt, als er seinen Sohn aus den Toten auferweckte - ein Akt, der dann von der Gemeinde anerkannt wurde und der eines Tages von allen anerkannt werden wird (Phil 2,11) ... Paulus' Feststellung in den Versen 9 und 10 wird missverstanden, wenn man mit ihr die Behauptung stützen will, Errettung sei nicht möglich, ohne durch eine persönliche Entscheidung Jesus zum Herrn seines Lebens zu erheben. Eine derartige Entscheidung ist höchst wichtig, aber an dieser Stelle spricht Paulus von der unbedingten Herrschaft Christi, die der Grundstein des Glaubens ist - etwas, ohne das niemand errettet werden könnte. Eng verbunden mit der Auferstehung, die ihrerseits eine Bestätigung des errettenden Todes war, wird hier eine Wahrheit verkündet, die immer wahr ist. Und damit sie wahr ist, spielt es keine Rolle, ob sie von irgendjemand geglaubt wird oder ob irgendjemand sein Leben darauf aufbaut.«[3]

Man beachte Harrisons sorgfältige Unterscheidung von »unbedingter Herrschaft« und - logischerweise daraus folgend - »bedingter Herrschaft«. Ersteres schreibt Christus die Herrschaft zu aufgrund dessen, wer er ist, und diese Herrschaft ist sein - unabhängig davon, ob jemand sie anerkennt oder nicht. Letzteres bezieht sich lediglich auf die Herrschafts- oder Meisterschaftsbeziehung, die zwischen Christus und dem einzelnen Gläubigen besteht, und sie wird nur wahr, wenn sie von jemandem für sich selbst anerkannt wird.

William G.T. Shedd, ein bekannter calvinistischer Theologe in den USA, schreibt über das Wort *Herr* in Römer 10,9 kommentierend:

»Das Wort *kyrios* wird in der Septuaginta huldigend auf Jahwe angewandt. Und jeder Jude, der öffentlich bekannte, dass Jesus von Nazareth ›Herr‹ sei wurde so verstanden, dass er ihm die göttliche Natur und die göttlichen Eigenschaften zubilligte. Es ist auch der alttestamentliche Ausdruck für den Sohn Gottes und für den Messias. Und als Christus für sich selbst in Anspruch nahm, der Sohn Gottes und der Messias zu sein, klagte man ihn der Lästerung an (Mt 27,63-66) und auch dessen, dass er sich selbst zu Gott mache (Joh 10,24.30.33).«[4]

B.F. Westcott, einer der wichtigsten Griechisch-Kenner des neunzehnten Jahrhunderts, schrieb kommentierend über 1. Johannes 4,3:

»›Jesus bekennen‹ - was schließlich nur bedeuten kann zu bekennen, ›Jesus ist Herr‹ (1Kor 13,3; Röm 10,9) - heißt, die göttliche Souveränität von jemand anzuerkennen, der wahrhaft Mensch ist. Oder mit anderen Worten anzuerkennen, dass das Göttliche und das Menschliche in einer einzigen Person vereinigt ist - eine Tatsache, die den einzigen ihr entsprechenden Ausdruck in der Tatsache der Inkarnation findet.«[5]

Die anderen bekannten Gelehrten, die sich über das »Wort« in Römer 10,8 äußern, sagen übereinstimmend: »Der Gegenstand des *rema* [des Wortes], das von den Aposteln gepredigt wird, ist die Person Christi und die Wahrheit seiner Auferstehung ... Die Macht Christi liegt in diesen beiden Tatsachen ... seiner göttlichen Natur und seines Sieges über den Tod.«[6]

In der NIV-Studienbibel heißt es zur Erläuterung des Ausdrucks »Jesus ist Herr« in einer Anmerkung:

»Das früheste christliche Glaubensbekenntnis (vgl. 1Kor 12,3), vermutlich bei Taufen gebraucht. Im Hinblick auf die Tatsache, dass »Herr« (griechisch: *kyrios*) über 6000mal in der Septuaginta (der griechischen Übersetzung des Alten Testaments) verwendet wird, um den Namen des Gottes Israels (Jahwe) zu umschreiben, ist klar dass Paulus, wenn er das Wort auf Jesus anwendet, diesem Göttlichkeit zuschreibt.«[7]

Um es zusammenzufassen: Römer 10,9-10 befasst sich nicht mit der Frage der bedingten Herrschaft Christi, sondern mit seiner Göttlichkeit und seiner Auferstehung. Zu glauben, dass (der Mensch) Jesus Herr (Gott) ist und dass er lebt (was bedeutet, dass er starb), bewirkt Rechtfertigung und Heil. Man beachte auch, dass diese Auslegung von vielen Generationen solcher Gelehrter gestützt wurde, die ansonsten unterschiedliche theologische Lehrmeinungen vertreten haben.

Jesus als Herr meines Lebens

Aber - soll Jesus nicht auch der Herr meines Lebens sein? Natürlich sollte er das sein, und manchmal ist er es auch, und manchmal ist er es nur zu einem Teil. Das Klischee: »Wenn er nicht in allem Herr ist, ist er überhaupt nicht Herr« ist eben einfach ein Klischee, und keine biblische oder theologische Wahrheit. Er kann in Teilbereichen meines Lebens Herr sein, während ich andere vor seiner Kontrolle verschließe. Petrus macht das so klar wie nur denkbar deutlich an jenem Tag auf dem Dach, als der Herr ihn auffordert, unreine Tiere zu schlachten und zu essen. Er sagt: »Keineswegs, Herr« (Apg 10,14). War Christus an dieser Stelle in allem Petrus' Herr? Gewiss nicht. Müssen wir daraus schließen, dass er im Leben des Petrus überhaupt nicht Herr war? Ich denke nicht.

Hingabe ist eine Berufung Gläubiger. Bei gewissen Gelegenheiten kann ein Mensch sich beidem gleichzeitig gegenübersehen und auch beides gleichzeitig ergreifen: Heil und Hingabe. Bei Paulus war es scheinbar so, denn als er auf der Straße nach Damaskus erkannte, dass Jesus lebt, da fragte er sofort: »Was soll ich tun, Herr?« (Apg 22,10). Die Antwort: »Geh' nach Damaskus«, hat sicher nichts mit seinem Heil zu tun, sondern mit Gehorsam gegenüber dem, der Paulus' Heiland geworden war.

Es scheint wirklich so, als ob viele Gläubige die persönliche, bedingte Herrschaft Christi über ihr Leben nicht wirksam werden lassen, nachdem sie wiedergeboren worden sind. Die Aufrufe des Neuen Testaments, sich zu ergeben oder hinzugeben, richten sich an Gläubige. »Ich ermahne euch nun, Brüder ... eure Leiber darzustellen« (Röm 12,1). An früherer Stelle des gleichen Briefes fordert Paulus jene auf, die in Christus getauft wurden (offensichtlich können auf diese Weise nur Gläubige beschrieben werden), sich selbst Gott bereitzustellen (Röm 6,6.13). Solche, denen der Heilige Geist innewohnt (Gläubige) werden ermahnt, Gott mit ihrem Leib zu verherrlichen (1Kor 6,19-20). Auch Jakobus drängt seine Brüder, sich Gott zu unterwerfen (Jak 4,7). Diese Aufrufe zur Hingabe wären bedeutungslos, wenn man Christus als Herrn seines Lebens aufnehmen müsste als notwendige Bedingung dafür, errettet zu werden. Errettete Menschen bedürfen der Hingabe, aber Hingabe ist kein Erfordernis für die Errettung. Ebensowenig ist die Bereitschaft zur Hingabe eine Eigentümlichkeit des Heils.

Einige Fragen zum Nachdenken

Betrachten wir einige Fragen, die diese Angelegenheiten besser ins Licht rücken.

1. Kann ich Jesus als meinen Heiland annehmen, ohne ihn als Gott den Herrn anzuerkennen?
2. Kann ich Jesus als meinen Heiland annehmen, ohne ihn als den Herrn und Meister meines Lebens anzuerkennen?
3. Kann ich Jesus als meinen Heiland annehmen ohne bereit zu sein, mein Leben unter seine Kontrolle zu stellen?
4. Kann ein hingegebener Christ seine Entscheidung oder einen Teil davon zurücknehmen?
5. Wenn es so wäre - verliert er dann sein Heil?

LUKAS 14,16-33

Wir wollen über zwei wichtige Aussprüche unseres Herrn nachdenken, die er nacheinander tat, wie es in Lukas 14,16-33 wiedergegeben wird.

Der erste erzählt die Geschichte von einem großen Festmahl, für das umfangreiche und wohlgeplante Vorbereitungen getroffen worden waren. Der Gastgeber hatte viele eingeladen, und als alles fertig vorbereitet war, sandte er einen Diener aus, um die Geladenen zum sofortigen Kommen aufzufordern. Aber die geladenen Gäste fingen an, sich mit Entschuldigungen herauszureden - ein Geländekauf, der besehen werden musste, Ochsen, die zu erproben waren, und eine neue Ehefrau, die der Gatte nicht allein lassen wollte. Erinnern wir uns - die Leute waren samt und sonders lange zuvor eingeladen worden, so dass ihnen reichlich Gelegenheit geblieben war, ihre persönlichen Angelegenheiten während der Vorbereitungszeit des Festmahls zu erledigen.

Der Gastgeber wurde zornig und befahl seinem Diener, jene herbeizubringen, die man allgemein als minderwertig betrachtete (Vers 21). Da so der Festsaal noch nicht gefüllt war, wurden weitere eingeladen - von den Straßen und Gassen, wo die Armen und Obdachlosen sich aufhielten (Vers 23). (Die letztgenannte Gruppe steht dabei für die Heidenvölker, denen das Heil angeboten wurde, nachdem das jüdische Volk Christus verworfen hatte).

Welch eine klare und wiederholte Darstellung der Gnade des Gastgebers leuchtet aus diesem Gleichnis. Er erlässt drei voneinander unterschiedene Einladungen (in den Versen 16, 21 und 23) und eine Erinnerung an die erste Gruppe geladener Gäste (Vers 17). So handelt es sich in Wirklichkeit um vier Einladungen. Trotz der Zurückweisung fährt der Gastgeber fort, Leute zu seinem Festmahl einzuladen. Es gab keine Verpflichtungen außer der, zu kommen. Es brauchte nichts bezahlt zu werden. Es gab keine Bedingungen außer der, zu kommen. Tatsächlich befahl der Gastgeber seinem Diener, die Leute zum Kommen zu nötigen oder zu überreden (wie in Apg 28,19). Er wollte, dass die anderen sich dessen erfreuen konnten, was er für sie vorbereitet hatte, und dass sie es frei und kostenlos genießen konnten (obwohl es ihm selbst große Kosten verursachte).

Aber es gab auch eine Ermahnung, dass die gnädige Einladung widerrufen werden könnte, so dass jene, die sich entschuldigten, keine weitere Gelegenheit haben würden (Vers 24).

Die sich daraus ergebende Lehre steht in einem krassen Gegensatz zum folgenden Text. Während es in der Geschichte vom Festmahl heißt »kommt« und »frei«, lesen wir in der nächsten »halt« und »teuer«. Was ist frei? Die Einladung, ins Reich des Vaters zu kommen. Was ist teuer? Eine gewisse Art der Jüngerschaft.

Welche Art Jüngerschaft? Jüngerschaft, die große Opfer fordert. Jüngerschaft, die beinhaltet dass man dem Herrn anhängt, dass man Familie und Besitztümer verlässt, um bei ihm zu sein, wohin er auch geht. Jüngerschaft, die erfordert, großen Widerständen entgegenzutreten.

So warnte der Herr die Massen, die sich halbherzig und allzuschnell von ihm angezogen fühlten, dass es etwas kostet, sein Jünger zu sein. Es kostet erstens höchste Treue zu ihm sogar entgegen der eigenen Familie, zweitens die Bereitschaft, für ihn zu sterben und drittens das buchstäbliche Zurücklassen von allem (nicht bloß die Breitschaft, das zu tun), um Jesus von Ort zu Ort zu begleiten. Das Wort *zurücklassen* bedeutet, »Lebewohl« zu sagen (wie in Lk 9,61). Das muss man zumindest so lange tun, wie man sein Haus verlässt, um Christus nachzufolgen. Und scheinbar hatten einige allen Besitz und ihre Erwerbstätigkeit vollständig aufgegeben, um den Herrn zu hören und von ihm zu lernen, während sie gemeinsam mit ihm von Ort zu Ort zogen.

Um hervorzuheben, wie sorgfältig eine solche Entscheidung zu treffen ist, gebrauchte der Herr zwei Bilder - zum einen den Mann, der zu bauen begann und es nicht vollenden konnte, weil er versäumt hatte die Kosten zu überschlagen (Verse 28-30), und zum anderen den König, der sorgfältig die Kräfte seines Feindes erwog, ehe er entschied, ob er kämpfen oder besser um Frieden bitten solle (Verse 31-32). In gleicher Weise durfte die Entscheidung zur Nachfolge (und das bedeutete buchstäblich, mit dem Herrn von Ort zu Ort zu ziehen), nicht leichtfertig, halbherzig oder übereilt getroffen werden.

Der Gegensatz zwischen den beiden Gleichnissen unseres Herrn könnte kaum lebendiger dargestellt werden.

Komm zum Festmahl, es ist frei.

Haste nicht überstürzt in die Jüngerschaft - sie ist teuer.

Heute bietet der Herr Jesus, der Gott-Mensch, sein Fest des Heils frei jedem an, und er kann es tun, weil er Gott ist, der Mensch wurde. Derselbe Herr Jesus fordert durch viele Schriften des Neuen Testaments die auf, die ihm geglaubt haben: Füge dich meiner Herrschaft beziehungsweise Meisterschaft über dein Leben. Manche tun das in sehr hohem Maß. Manche tun es in geringem Maß. Niemand tut es immer und vollständig. Aber er war, ist und wird immer Herr sein - ob er nun als Gott-Mensch und Heiland anerkannt wird oder ob ihn ein Gläubiger als Meister seines Lebens anerkennt.

Er ist Herr.

8

DAS NADELÖHR

»Wo aber unter die Dornen gesät ist,
dieser ist es, der das Wort hört,
und die Sorge der Zeit und der Betrug
des Reichtums ersticken das Wort,
und er bringt keine Frucht.«
Matthäus 13,22

Er war jung, vielleicht Anfang Zwanzig. Bei einem normalen Lauf der Dinge hatte er den größten Teil seines Lebens noch vor sich.

Er war reich; außerordentlich reich. Anders als die meisten, die Jahre brauchen, um Reichtum anzusammeln, hatte er bereits mehr, als er verbrauchen konnte.

Er war einflussreich. Er hatte schon einen Sitz im Sanhedrin, dem »Hohen Rat«, der Regierungskörperschaft seines Volkes.

Er war untadelig. Es gab nicht viele, die es wagen konnten, das für sich in Anspruch zu nehmen: ihr ganzes Leben lang die Gebote gehalten zu haben. Er erhob diesen Anspruch.

Aber tief im Grunde seiner Seele wusste dieser junge Führer seines Volkes, dass ihm der größte Schatz fehlte, den ein Mensch überhaupt haben kann - ewiges Leben.

Eine traurige Geschichte

Die Geschichte seiner Begegnung mit dem Herrn Jesus wird uns in Matthäus 19,16-30, in Markus 10,17-31 und in Lukas 18,18-30 berichtet. Es ist eine traurige Geschichte.

Dieser junge Mann erkannte in Jesus ein höchstes Gut, das er nicht besaß. So fragte er den Herrn, was er tun müsse, um ewiges Leben zu erlangen.

Die Frage spiegelt die jüdische Perspektive seiner Zeit wider: Man musste etwas großes vollbringen, um ewiges Leben zu verdienen.

Bevor er die Frage beantwortete, prüfte der Herr die Vorstellung, die der junge Mann von ihm hatte. In welcher Beziehung nannte er den Herrn »gut«? Geschah das nur in dem Sinn, dass Jesus ein guter Lehrer war, aber eben nur ein menschlicher Lehrer? Darum betonte der Herr, dass nur Gott gut ist im eigentlichen Sinn des Wortes »gut«. Christus versuchte, die Vorstellung des jungen Mannes von »gut« zu vertiefen und auszuweiten, damit er Jesus als Gott anerkennen konnte. Dann würde der junge Mann begreifen, dass es für ihn nichts zu tun gab, ganz gleich wie edel das Werk auch war, das ihm ewiges Leben bringen könnte. Jesus aber, als Gott, konnte es, wenn er ihn anerkennen würde als das, was er war.

Da der junge Mann ihn aber nicht als Gott anerkannte, antwortete ihm der Herr vom menschlichen Standpunkt aus. Wenn ewiges Leben durch das Vollbringen irgendeines Werkes errungen werden konnte, dann gab es keinerlei Notwendigkeit, irgendeinen neuen Lehrer zu fragen, was dazu zu tun sei. Das Gesetz konnte seine Frage erschöpfend beantworten.

Folgerichtig forderte Jesus ihn auf, die Gebote zu halten, und er erwiderte, dies habe er sein ganzes Leben lang getan. War das wirklich so? Natürlich nicht. Kein Mensch ist ohne jedes Begehren, und kein Kind ehrt allezeit seine Eltern. Der junge Mann aber nahm für sich in Anspruch, er habe allezeit die Gebote gehalten, und möglicherweise stimmte das schließlich auch bis zu einem gewissen Grad. Aber niemand einschließlich dieses Mannes konnte von sich sagen, er habe sie alle absolut erfüllt.

Erste Frage: Wird ewiges Leben aus dem Halten der Gebote gewonnen, wenn sie perfekt eingehalten werden, falls jemand das überhaupt tun kann?

Die Antwort des Paulus

Paulus beantwortete diese Frage in der Zusammenfassung seiner Ansprache in der Synagoge zu Antiochien in Pisidien. Er sagte, nur durch Jesus sei jeder Glaubende gerechtfertigt und niemand könne durch das Gesetz des Moses gerechtfertigt werden (Apg 13,39). Später schrieb er an die Römer: »Aus Gesetzeswerken wird kein Fleisch vor ihm gerechtfertigt werden; denn durch Gesetz kommt Erkenntnis der Sünde« (Röm 3,20). Und Jakobus schrieb: »Wer das ganze Gesetz hält, aber in einem strauchelt, ist aller Gebote schuldig geworden« (Jak 2,10). So würde auch der junge Mann - selbst wenn seine Behauptung wahr wäre, dass er stets die von dem Herrn erwähnten Gebote gehalten habe - immer noch kein ewiges Leben gewinnen; selbst dann nicht, wenn er sie perfekt erfüllt hätte. Indem er sechs Gebote zitierte, gebrauchte unser Herr das Gesetz, um dem jungen Mann vor Augen zu führen, dass er ein Sünder war. Das ist genau das, was Paulus als Ziel des Gesetzes bezeichnete: Durch das Gesetz kommt die Erkenntnis der Sünde. Der Mann stellte die Frage, wie durch das Wirken irgendeines verdienstvollen Werkes ewiges Leben gewonnen werden könne. Er hätte vielmehr die Frage nach seiner eigenen Sünde stellen sollen, und wie sie ihm vergeben werden könnte. Diese eigene Sünde anzuerkennen, dazu versuchte der Herr ihn zu bewegen.

Zweite Frage: Führte Jesus hier ein Evangelium ein, das sich von jenem unterschied, das er zuvor der Dirne am Brunnen in Samaria verkündigt hatte? Er hatte ihr nicht befohlen, die Gebote zu halten.

Überhaupt nicht. Sie wusste ganz genau, dass sie eine Sünderin war. Sie brauchte mit dieser Tatsache nicht konfrontiert zu werden, wohl aber der junge Volksführer.

Sagte er die Wahrheit?

Aber Jesus wusste, dass die Antwort des Mannes nicht völlig der Wahrheit entsprach. Selbst dann, wenn er alle Gebote gehalten hatte, die in seinem Gespräch mit dem Herrn erwähnt wurden, hatte er in der Erfüllung einiger anderer Gebote versagt. Ganz offensichtlich hatte er das allererste der zehn Gebote übertreten - er verehrte den Gott des Geldes ebenso wie den

Gott Israels (2Mo 20,3). Er liebte den Herrn sicher nicht von *ganzem* Herzen, mit *ganzer* Seele und mit *ganzer* Kraft (5Mo 6,5). Seine Liebe zum Besitz hielt ihn davon ab, ungeteilte Liebe für den Herrn in sich zu tragen. Weil er scheinbar seinen Reichtum auch nicht teilen mochte, übertrat er auch das Gebot, seinen Nächsten zu lieben, wie er sich selbst liebte (3Mo 19,18). Der Beweis, dass man jemanden liebt wie sich selbst, besteht darin, dass man diesem Nächsten zu geben wünscht, was einem selbst wichtig oder kostbar ist. In diesem Fall hatten die Besitztümer erste Priorität im Leben des Mannes, und da er nicht bereit war, sie anderen zu geben, bewies er ohne jeden Zweifel, dass er seinen Nächsten nicht liebte wie sich selbst. Wir wissen nicht, wie viele weitere der 613 Verordnungen des mosaischen Gesetzes er außerdem nicht gehalten oder insgeheim übertreten hatte. Aber zumindest hatte er ganz offensichtlich die genannten gebrochen.

So versuchte der Herr, dem jungen Mann seinen wahren geistlichen und moralischen Zustand vor Augen zu führen. Er forderte ihn auf, alles zu verkaufen, was er besaß, und es den Armen zu geben. Dann, so sagte der Herr, würde er einen Schatz im Himmel haben.

Dritte Frage: Gewinnt man wirklich ewiges Leben, indem man seinen ganzen Besitz verkauft und den Erlös den Armen gibt?

WIRD EIN ARMUTSGELÜBDE WIRKEN?

Es ist leichter, dieser Frage auszuweichen, als ihr direkt gegenüberzutreten. Hier die Antwort der Lehre, die die Errettung durch eine Herrschafts-, Jüngerschafts- oder Meisterschaftsbeziehung vertritt:

> »Müssen wir, um Christen werden zu können, buchstäblich alles weggeben? Nein, aber wir *müssen* sehr wohl bereit sein, alles zu verlassen (Lk 14,33), das heißt: Nichts darf uns wichtiger sein als Christus. Wir müssen eifrig sein zu tun,

was irgend er von uns verlangt. Jesu Forderung an diesen jungen Menschen sollte nur zeigen, ob er von nun an bereit war, sein Leben der Souveränität Jesu zu unterwerfen.«[1]

Unglücklicherweise für diese Antwort sind die Verben in Markus 10,21 allerdings Befehlswörter: Gehe, verkaufe, gib. Der Herr sagte nicht: »Sei bereit zu gehen, zu verkaufen und zu geben.« Und in den Parallelstellen bei Matthäus und Lukas werden ebenfalls Imperative, also Befehlsformen, eingesetzt.

Vierte Frage: Vielleicht sollten wir aber doch - obwohl der Herr dem Mann befahl, zu verkaufen und zu geben - die dritte Frage dahingehend abändern: Was, wenn wir schließlich doch bereit sein müssen, etwas uns hart vorkommendes zu tun, etwa unsere Besitztümer aufzugeben, um ewiges Leben zu ererben? Was würde eine bejahende Antwort in Bezug auf eine einfache Interpretation der Worte bedeuten?

Fünfte Frage: Wenn die richtige Antwort auf die dritte oder auf die vierte Frage Ja lautet (das heißt, wenn wir entweder alles aufgeben müssen oder bereit sein müssen, es zu tun) - wer unter denen, die wir kennen, hat dann ewiges Leben? Wen kennen wir, der wirklich und ohne Vorbehalt bereit ist, für Christus alles aufzugeben? Wer von uns wäre beispielsweise bereit, für Christus zu sterben? Ich bin mir persönlich nicht sicher, ob ich diese Frage eindeutig mit Ja beantworten könnte. Selbsterhaltung ist ein sehr starker Instinkt, und wer kann sagen, was irgendeiner von uns tun würde, wenn er sich dem Tod gegenübersieht, wie es so mancher Gläubige musste angesichts des Martyriums. Und auch der Herr selbst sagte in der gleichen Passage, wer sein Jünger sein wolle, müsse sein eigenes Leben hassen (Lk 14,26).

Natürlich kann niemand jemals ewiges Leben erlangen, indem er sein Geld verschenkt. So sagen einige, dies sei nicht der springende Punkt dieses Zusammentreffens gewesen (obwohl es ohne Frage die Worte waren, die der Herr an den Mann richtete). Der wahre Punkt sei - so lehrt man uns - die Bereitschaft, sich von der Sünde abzukehren und/oder uns der Meisterschaft Christi zu unterwerfen, um errettet zu werden.

Aber nehmen wir einmal an, der Mann wäre bereit gewesen, sein ganzes Vermögen wegzugeben und sogar einer von denen zu werden, die Christus nachfolgten.

Sechste Frage: Hätte er sich dann des ewigen Lebens sicher sein können? Manchmal treten willige Jünger von ihrer Nachfolge zurück. Während des frühen Dienstes unseres Herrn taten es einige (Joh 6,66).

Siebte Frage: Wenn einer ein Jünger ist (was, wie ich einmal voraussetzen möchte, die Bindung an den Herrn erfordert), hat er dann ganz sicher ewiges Leben? Oder kann einer ein Jünger sein und dennoch nicht das ewige Leben besitzen?

Die Liebe streckte sich aus, doch sie wurde zurückgewiesen

Der Herr liebte diesen reichen jungen Mann. Das in Markus 10,21 für *Liebe* verwendete Wort ist *agapao*. Soweit wir wissen, wurde dieser Mann niemals errettet, deshalb war er ein nicht Erwählter. Man beachte: Der Herr liebte einen nicht erwählten Menschen. Seine agapao-Liebe greift über die Welt der Erwählten hinaus. Wie kann dann die *Welt* von Johannes 3,16 auf die Erwählten beschränkt sein, wie manche sagen?

Unser Herr versuchte den Mann dahin zu bringen, dass er seine Ungerechtigkeit eingestand, dass er eingestand, wie nötig es für ihn war, Hilfe von außerhalb seiner selbst in Anspruch zu nehmen. Die ganze Zeit machte er nur seine eigene Gerechtigkeit geltend durch die Behauptung, er habe die Gebote gehalten, die ihm der Herr aus dem Gesetz zitiert hatte. Aber seine Weigerung, anzuerkennen, dass er in Wirklichkeit diese Gebote übertreten hatte, zeigt auch, dass er den Gott des Geldes vor den wahren Gott setzte.

So ging er fort, nicht bereit, Jesus als Gott anzuerkennen und auch nicht bereit einzugestehen, dass er sich selbst in den Mittelpunkt stellte.

Der Herr gab seinen Jüngern eine Anwendung der soeben erlebten Lektion an die Hand. Es ist äußerst schwierig für jemanden, der auf Reichtümer vertraut, in das Reich Gottes einzugehen. Es ist nicht der Betrag des Geldes, der es schwierig macht, sondern das Vertrauen auf irgendeinen Betrag an Geld. Wir alle neigen dazu, unser Vertrauen auf unsere Kraft oder auf unsere eigene Leistung zu setzen. Oftmals ist es dieses Vertrauen, das uns davon abhält, unsere wirklichen Bedürfnisse zu erkennen. So war es auch bei diesem jungen Mann. Seine Kraft lag in seinen Besitztümern, und indem er ihnen vertraute, blieb er blind für seine Sünde.

Wie schwierig das ist

Wie schwierig ist es für einen Reichen, in das Reich Gottes zu kommen? So schwierig, wie es für ein Kamel ist, durch ein Nadelöhr zu gehen.

Das Kamel war das größte Tier im Palästina jener Tage. Die Nadel war eine Nähnadel, nicht die kleine Tür innerhalb eines großen Tores, wie manchmal vermutet wird. Niemand konnte ein Kamel - mit oder ohne seinen Höcker - durch ein Nadelöhr quetschen. Die Jünger verstanden, was der Herr ihnen sagte - dass es jemandem, der auf Reichtümer vertraut, unmöglich ist, in das Reich Gottes hineinzukommen. Es sei denn, Gott selbst greift ein und eröffnet einen Weg des Heils jenseits aller menschlichen Kraftquellen oder Fähigkeiten. Aber der junge Mann blieb nicht lange genug, um diese Botschaft zu hören. Er würde die Notwendigkeit, Hilfe von außen zu erhalten, nicht akzeptiert haben, daher bekam er sie auch nicht. Er hätte die Hilfe bekommen können, denn der Herr sagte, bei Gott seien alle Dinge möglich - auch das Heil dieses jungen reichen

Mannes. Aber natürlich nicht auf der Basis, seinen Reichtum wegzugeben.

Besitz macht uns bequem. Geld richtet unseren Blick auf diese Welt, nicht auf die zukünftige. Die Möglichkeit, haben zu können was immer wir wollen, täuscht uns den Gedanken vor, wir hätten keine unerfüllten Bedürfnisse, besonders keine geistlichen. Wir täuschen uns selbst vor, Erfolg bedeute »offensichtlich«, dass Gott mit großer Gunst auf uns herablächelt. Das bedeutete es für das jüdische Volk in den Tagen Jesu; dieser Gedanke ist es, der es ihnen undenkbar erscheinen ließ, Geld könnte tatsächlich jemanden von diesem Reich fernhalten. Aber das Geld tut es wirklich; das Geld oder irgendetwas anderes, das uns blind macht für die Erkenntnis unserer Sünde oder für die Notwendigkeit eines Heilandes.

Aber nehmen wir einmal an, wir erkennen, dass uns Dinge kein ewiges Leben geben können. Wird uns die Aufgabe dieser Dinge, oder wird uns die Bereitschaft, sie aufzugeben, erretten? Die Anerkennung unserer Sünden und sogar die Abkehr von diesen Sünden kann uns keine Vergebung bringen. Nur der Empfang des Geschenkes des ewigen Lebens aus der Hand des Heilandes, der für diese Sünden gestorben ist, kann das tun.

Achte Frage: Was ist wohl die Haupterkenntnis, die wir aus diesem Zusammentreffen ziehen können?

Neunte Frage: Wie kann man heute beim Evangelisieren und Zeugnisgeben die Antwort auf die achte Frage anwenden?

9

KEHRE UM! WOVON?

»Gott ... gebietet jetzt den Menschen,
dass sie alle überall Buße tun sollen.«
Apostelgeschichte 17,30

»Sie selbst erzählen ... wie ihr euch
von den Götzen zu Gott bekehrt habt,
dem lebendigen und wahren Gott zu dienen«
1. Thessalonicher 1,9

»So wie ich bin, so willst du mich empfangen,
begrüßest mich, vergibst und reinigst,
machst 's Gewissen leicht,
denn ich schenke deiner Verheißung Glauben.
Oh, du Lamm Gottes, ich komm! Ich komm!«
Charlotte Elliott

Die meisten Leser dieses Buches sind wahrscheinlich zu jung, um noch die »Bußbank« kennen gelernt zu haben. In der Gemeinde, in der ich selbst aufgewachsen bin, gab es keine, aber ich habe Bekannte, die sie in ihrer Gemeinde noch gesehen haben. Die Bußbank war eine einfache Kniebank vor der Gemeinde, wo ein Sünder seine Sünden bereuen und bekennen konnte. Dort fasste er den Vorsatz, von seinen Sünden umzukehren und empfing Christus als seinen Heiland. Auf der Bußbank kamen Reue, Buße und Glaube zusammen.

Ich kritisiere diese Praxis nicht. Es wäre in der Tat gut, wenn man heutzutage mehr Reue über die Sünde sähe. Was aber ist der Platz in Bezug auf das Heil, die eigene Sünde zu bereuen oder Buße zu geloben? Da in den Augen vieler die Reue über die eigene Sünde und die Buße eins sind, könnte man die Frage stellen: Was ist der Ort der Buße in Bezug auf das Heil? Setzt Buße unbedingt Glaube voraus? Ist sie ein Bestandteil des Glaubens oder nur ein anderes Wort dafür? Kann jemand ohne Buße errettet werden? Was bedeutet Buße überhaupt?

Allgemeine Begriffe

Es gibt eine ganze Reihe biblischer Begriffe, die eine grundlegende, allgemeine Bedeutung haben. Man muss aber einige Fragen an diese Begriffe stellen, um ihre genaue Bedeutung in einer bestimmten gegebenen Situation verstehen zu können. Das Wort *Heil* beispielsweise bedeutet zu »befreien« oder zu »retten«. Diese allgemeine Bedeutung muss aber weiter befragt werden, wenn man die wirkliche Bedeutung in einem besonderen Zusammenhang begreifen will: Befreit werden wovon? In Philipper 1,19 gebraucht Paulus das Wort *Heil*, um die Rettung aus seiner Gefangenschaft in Rom zu bezeichnen. In diesem Fall bedeutet Heil nicht die Errettung vor der ewigen Verdammnis, sondern die Befreiung aus seiner gegenwärtigen Gefangenschaft. Aber in anderen Zusammenhängen bezieht sich Heil natürlich auf die Errettung vor der ewigen Verdammnis (Apg 4,12). Doch die grundlegende Bedeutung des Begriffes Heil bleibt die gleiche, ob er sich nun auf eine zeitliche oder auf eine ewige Rettung bezieht.

Ein anderes Beispiel. Was bedeutet *Erlösung*? Es bedeutet, etwas zu »kaufen« oder zu »erwerben«. Was zu erwerben? Das muss man fragen, wenn man diese allgemeine Aussage an einer besonderen Textstelle auf ihren wirklichen Bedeutungsgehalt eingrenzen möchte. In Matthäus 13,44 erwirbt ein Mann einen Acker, das heißt, er kauft ihn. Dieser Gebrauch des Wortes hat keine Beziehung zu der Erlösung, die unser Herr am Kreuz bewirkte. Dennoch wird genau dieses Wort für die Begleichung des Lösegeldes gebraucht, das er um der Sünde willen mit seinem Leben bezahlte (2Petr 2,1). Die grundlegende Bedeutung bleibt gleich: erwerben. Ganz gleich, ob sich das Wort auf die Entrichtung des Preises für einen Acker oder des Preises für die Sünde bezieht.

Das gleiche Prinzip lässt sich auf das Wort Buße anwenden. Im Alten wie im Neuen Testament bedeutet Buße »Sinnesänderung«. Aber man muss fragen: Von woher ändert einer seinen Sinn wohin? Die Antwort auf diese Frage wird die Bedeutung des Wortes einengen zu dem, was bei der hier vorliegenden besonderen Veränderung gemeint ist.

Kommen wir zurück zur Bußbank. Viele Menschen verquicken bewusst oder unbewusst Reue und Buße miteinander - so sehr, dass Reue bei allen möglichen Gelegenheiten mit Buße gleichgesetzt wird. Buße kann sehr wohl Reue beinhalten, aber die biblische Bedeutung der Buße ist Sinnesänderung, nicht Reue über die Sünde. Und diese Sinnesänderung darf nicht nur an der Oberfläche bleiben, sie muss echt sein. Das Vorhandensein oder Fehlen der Reue beweist nicht notwendigerweise die Echtheit oder Unechtheit der Buße.

Biblische Buße ist die Veränderung von jemandes Sinn in einer Weise, die auch seine Persönlichkeit verändert. Buße ist nicht bloß eine verstandesmäßige Zustimmung zu etwas. Sie beinhaltet im Ergebnis eine Veränderung gewöhnlich auch im Handeln des Betreffenden.

Busse im Neuen Testament

Die Verwendung des Begriffes Buße im Neuen Testament kann in drei Kategorien eingeteilt werden. *Zunächst einmal* kann es eine Buße geben, die entweder in keiner Beziehung zum ewigen Heil steht oder aus der zumindest nicht das Heil folgt. Wir können sie als nicht rettende Buße bezeichnen. Sie ist nicht oberflächlich, und sie hat auch ein Ergebnis oder eine Folge, aber eben nicht das Heil.

Betrachten wir ein nicht biblisches Beispiel nicht rettender Buße: »Schuldig«, erklärt der Richter. Schuldig, unter dem Einfluss alkoholischer Getränke ein Auto gefahren zu haben. Sie müssen für zehn Tage ins Gefängnis, damit Sie den Ernst Ihrer Handlungsweise begreifen.« So geht der Verurteilte ins Gefängnis. Nehmen wir an, dieses Urteil traf einen Mann der oberen Mittelklasse, einen »Täter im weißen Kragen«. Die Erfahrung einer Gefängnisstrafe wäre für so jemanden besonders schrecklich. Während dieser zehn Tage hat er Zeit, ernsthaft über sein Verhalten nachzudenken. Und diese zehn Tage bewirken in ihm echte Buße. Sie kann, muss aber nicht von Tränen begleitet sein. Es werden Beschlüsse gefasst, und wenn der Gefangene entlassen wird, durchläuft er eine Therapie die ihm hilft, vom Einfluss des Alkohols loszukommen.

Oder nehmen wir ein anderes Beispiel, das gleichermaßen echte Buße beinhaltet, aber mit einer völlig anderen Folgehandlung. Diesmal ist unser »Sträfling« ein Ladendieb. Auch er tut Buße (das heißt, er erfährt eine Sinnesänderung), aber nicht über das Verbrechen des Ladendiebstahls, sondern über die falsche Methode, die zu seiner Ergreifung führte. In diesem Fall richtet sich die Buße auf die Vorgehensweise, und folglich wird er das nächstemal seine Methode des Ladendiebstahls ändern.

R.C. Trench zitiert in seinem Standardwerk *Synonyms of the New Testament* einen Text von Plutarch, in dem zwei Mörder, die ein Kind verschont hatten, später umkehrten (*metenoesan*) und versuchten, es umzubringen. Er zitiert auch noch einen anderen Fall, in dem *metameleia* (ein anderes Wort für Buße, das ebenfalls im Neuen Testament verwendet wird) in dem gleichen Sinn gebraucht wird - dass nämlich jemand von einem guten Weg umkehrt, um etwas Schlechtes zu tun.[1] Man beachte, dass beide Beispiele einen Sinneswandel weg von etwas Gutem betreffen, nicht eine Sinnesänderung weg von der Sünde. *Nach* dieser Umkehr werden sündige Dinge getan.

Denselben Begriff von Buße verwendete im ersten Jahrhundert der jüdische Historiker Josephus. Über die Furcht des Herodes vor der Macht Johannes des Täufers schrieb er:

> »Er [Herodes] hielt es daher für besser, ihn rechtzeitig aus dem Weg zu räumen, als beim Eintritt einer Wendung der Dinge in Gefahr zu geraten und dann, wenn es zu spät sei, Reue empfinden zu müssen. Auf diesen Verdacht hin ließ also Herodes den Johannes in Ketten legen, nach der Festung Machaerus bringen ... und dort hinrichten.«[2]

Auch die Bibel enthält Beispiele echter aber nicht rettender Buße. Denken wir an die Geschichte von den zwei Söhnen, die unser Herr erzählte (Mt 21,28-32). Einer von ihnen sagte, er wolle des Vaters Willen tun, tat ihn aber nicht. Der andere wies den Auftrag des Vaters zurück, änderte dann aber seinen Sinn und gehorchte. Seine Umkehr hat nichts mit dem Heil zu tun. Ihre Folge war, dass er hinging und im Weinberg seines Vaters arbeitete. Obwohl es keine oberflächliche Buße war, errettete sie dennoch nicht.

Judas, der unseren Herrn verriet, kehrte um, nachdem er erfahren hatte, dass die Obersten ihn verurteilten und gab die dreißig Silberstücke zurück, die sie ihm gegeben hatten. Obgleich es eine echte Umkehr war, rettete sie Judas nicht.

Nachdem er sein Erstgeburtsrecht verkauft hatte, versuchte Esau erfolglos, es zurückzuerlangen. Der Schreiber des Hebräerbriefes informiert uns darüber, dass Esau keinen Raum zur Buße finden konnte, obgleich er sie (ob die Buße, ob die Wiederherstellung des Segens) mit Tränen eifrig suchte (Hebr 12,17). Wäre er zur Buße fähig gewesen, dann war nicht ewiges Heil die zu erwartende Folge, sondern der Empfang der Segnungen seines Geburtsrechtes. Es wäre eine nicht rettende Buße gewesen.

Fassen wir zusammen: Das Vorhandensein und die Erfahrung von Buße hat nicht notwendigerweise ewiges Leben zur Folge; auch nicht unbedingt eine Umkehr zum Besseren.

Zum zweiten gibt es eine Buße zum ewigen Heil. Welche Art Buße errettet? Nicht eine Reue über Sünden oder auch eine Reue, auf die hin jemand sein Leben läutert. Sich bessernde Menschen sind umgekehrt, das heißt, sie haben ihren Sinn über ihr vorhergehendes Leben geändert. Aber diese Art der Buße, wenn auch echt, errettet sie nicht aus sich selbst. Die einzige Art errettender Buße ist eine Sinnesänderung über Jesus Christus. Menschen können weinen; Menschen können den Vorsatz fassen, sich von ihren früheren Sünden abzuwenden; aber beides birgt in sich selbst keine Rettung. Die einzige Art der Buße, die irgendjemand irgendwo irgendwann rettet, ist ein Sinneswandel über Jesus Christus. Der Ernst der Sünde und die Reue über diese Sünde können jemandes Bewusstsein oder Gewissen aufwühlen, so dass diese Person die Notwendigkeit eines Heilandes erkennt. Aber wenn da keine Sinnesänderung über Jesus Christus ist, gibt es auch kein Heil.

Den einleuchtendsten Gebrauch des Begriffes *tu Buße* in diesem errettenden Sinn finden wir in der Pfingspredigt des Petrus (Apg 2,38). Oft nimmt uns der Rest dieses Verses - die Frage der Taufe oder der Empfang des Heiligen Geistes - so in Anspruch, dass wir die Bedeutung dieses Wörtchens »tu Buße« übersehen.

Was meinst du nur, Petrus? Tu Buße worüber? Um die richtige Antwort zu finden müssen wir uns daran erinnern, was Petrus' Predigt eigentlich war. Zuerst sprach Petrus über Jesus von Nazareth, über sein Leben, seinen Tod, seine Auferstehung (Apg 2,22-24). Sodann zitierte Petrus aus Psalm 16 (Verse 8-11) und erinnerte seine Zuhörerschaft daran, dass der Messias aus den Toten auferweckt werden sollte. Er stellte dabei klar, dass David nicht von sich selbst reden konnte, da er ja starb und begraben wurde. Er sprach also von dem Messias (Apg 2,25-31). Nun stellte Petrus eindeutig fest, dass Jesus von Nazareth - vor weniger als zwei Monaten in dieser Stadt auferstanden - der Messias war. David hatte außerdem auch vorausgesagt (in Psalm 110), dass der Messias zur Rechten Gottes aufsteigen werde. David selbst war nicht aufgestiegen, wohl aber Jesus von Nazareth (was er dadurch bewies, dass er den Heiligen Geist sandte). Deshalb musste Jesus der Messias, der Christus sein.

Mit anderen Worten: Petrus zeichnete mit seinen Worten zwei Bilder vor die Augen seiner Zuhörer. Eins vom Messias des Alten Testaments, dessen Auferstehung und Himmelfahrt er hervorhob. Das andere von Jesus von Nazareth, der aus den Toten auferstand und in den Himmel auffuhr.

Der unausweichliche Schluss: Jesus ist beides, Herr oder Gott und Christus oder Messias (Vers 36). Jüdische Zuhörer hatten die größten Schwierigkeiten, diese beiden Ansprüche Jesu anzuerkennen. Zu behaupten, der Mensch Jesus sei Gott und daher auch Israels Messias, und das Volk aufzufordern, so etwas zu glauben, war ein nahezu unüberwindliches Hindernis.

Dass sich das Wort *Herr* (*kyrios*) auf Gott oder Jahwe bezieht, wird aus der weiteren Verwendung des Wortes *kyrios* in der Botschaft des Petrus deutlich. Man beachte die Verse 21, 34 und 39, wo Petrus sagt, dass der *Herr* »unser Gott« ist. Hier ging es um völlige Gottheit, nicht um Meisterschaft oder Jüngerschaft.

Über die Bedeutung dieser Aussage: »... dass Gott ihn sowohl zum Herrn als auch zum Christus gemacht hat ...«, schrieb F.F. Bruce: »Die grundlegende Wahrheit, auf der die Gemeinde errichtet wurde. Die erste christliche Predigt gipfelt im ersten christlichen ›Glaubensbekenntnis‹: vgl. *kyrios Iesous* [Herr Jesus] (Röm 10,9; 1Kor 12,3) ... [*Kyrios*] steht stellvertretend für den unnennbaren Namen Gottes (vgl. Vers 21).«[3]

Indem die Leute dies hörten und erkannten, wurden sie vom eigenen Urteil überwältigt. Sie fragten, was zu tun sei, und Petrus erwiderte: »Tut Buße«. Buße worüber? Ändert euren Sinn über Jesus von Nazareth. Was auch immer ihr bisher über ihn gedacht habt; wo auch immer ihr bisher gedacht habt, dass er sei - ändert diesbezüglich euren Sinn und glaubt, dass er Gott ist: Euer Messias, der starb und aus den Toten auferstand. *Diese* Buße errettet.

Tatsächlich hatte jeder von uns, bevor er zu Christus gekommen ist, eine Vorstellung von ihm. Vielleicht war sie nur verschwommen, vielleicht war sie vernunftmäßig klar, vielleicht war sie falsch. Aber was für eine Vorstellung wir auch von ihm hatten, wir wandten uns von ihr ab und wandten uns zu ihm hin als zu unserem Erretter von der Sünde. Und diese Buße brachte ewiges Heil.

Ein interessanter Nebengedanke: »Tut Buße!« in Apostelgeschichte 2,38 ist ein Befehl. Wir tun Buße. Wir tun es. Und doch gibt Gott die Buße (Apg 11,18). Das ist mit der Buße wie mit dem Glauben. »Glaube!« ist ein Befehl (Apg 16,31). Wir tun es. Es ist wahrhaftig unser Glaube (Röm 4,5; »sein Glaube [wird] zur Gerechtigkeit gerechnet«, z.B.: der Glaube des Glaubenden zählt zur Rechtfertigung). Und doch ist das ganze Heil, einschließlich des Glaubens, ein Geschenk Gottes (Eph 2,8-9).

Die Lehre, die Errettung durch Herrschaft oder Jüngerschaft oder Meisterschaft vertritt, erklärt scheinbar Buße und Glaube zu zwei verschiedenen notwendigen Bedingungen für das Heil. Man beachte beispielsweise die folgende Feststellung:

> »Die Forderung gilt für die Buße wie für den Glauben. Es genügt nicht zu glauben, dass Sünder nur durch Christus und durch seinen Tod gerechtfertigt und angenommen sind ... Kenntnis des Evangeliums und Rechtgläubigkeit darüber sind kein Ersatz für die Buße ... Wo es keine wirkliche Anerkennung der wahren Forderungen gibt, die Christus für sich in Anspruch nimmt, da kann es keine Buße geben, und deshalb kein Heil.«[4]

Allerdings gebraucht Lukas in seiner Würdigung des großen Auftrages Jesu den Begriff der Buße in dem gleichen Sinn wie den des Glaubens an Christus: »So steht geschrieben, und so musste der Christus leiden und am dritten Tag auferstehen aus den Toten und in seinem Namen Buße und Vergebung der Sünden gepredigt werden allen Nationen, anfangend von Jerusalem« (Lk 24,46-47). Natürlich, die Buße zur Vergebung der Sünden steht in enger Verbindung mit dem Tod und der Auferstehung Christi. Weitere Stellen, an denen Buße für Glaube steht und die sich auf die Bekehrungserfahrung beziehen, sind Apostelgeschichte 5,31; 11,8; Hebräer 6,6 und 2. Petrus 3,9.

Paulus sagte, Gott gebiete allen Menschen an jedem Ort, Buße zu tun, weil das Gericht bevorstehe und weil jener Mann richten werde, den er aus den Toten auferweckt habe (Apg 17,30-31). Petrus sagte dasselbe. Gott ist langmütig; er will nicht, dass jemand umkomme, sondern dass alle zur Buße kämen. Bedeutet das einfach, Sünde zu bereuen? Bedeutet es, dass Buße eine Vorbedingung für Glauben ist? Beide Fragen sind mit Nein zu beantworten. Wenn Buße in diesen Versen nicht ein anderes Wort für Glaube ist, dann beinhalten diese Verse nicht das Evangelium. Wenn Buße nur einen Teil der Bekehrung darstellt (und Glaube der andere Teil ist), dann bilden diese Verse nur ein halbes Evangelium.

Es ist zutreffend und wir erinnern uns daran, dass das Evangelium des Johannes, das Evangelium des Glaubens, nicht ein einzigesmal das Wort *Buße* enthält. Und doch hätte Johannes sicherlich viele Gelegenheiten gehabt, es bei seinen Berichten von Ereignissen aus dem Leben unseres Herrn zu verwenden. Es wäre wohl angemessen gewesen, das Wort *Buße* oder *tu Buße* in dem Bericht über das Gespräch des Herrn mit Nikodemus zu verwenden. Stattdessen gebraucht er das Wort *glaube* (Joh 3,12.15). Wenn also Nikodemus der Buße bedurfte, muss *Glaube* ein Synonym für Buße sein - wie hätte der Herr sonst unterlassen können, von *Buße* zu sprechen, als er mit Nikodemus redete? Christus sagte zu der samaritischen Dirne nicht: Tu Buße. Er befahl ihr, zu bitten (Joh 4,10). Und als sich ihr Zeugnis und das des Herrn unter den anderen Samaritern ausbreitete, da berichtet Johannes nichts darüber, dass sie Buße getan hätten, sondern dass sie glaubten (Verse 39.41-42). Und »glaube!« oder »Glaube« kommt noch etwa fünfzig weitere Male im Johannesevangelium vor; »Buße« nicht ein einzigesmal. Den Höhepunkt bildet Johannes 20,31: »Diese aber sind geschrieben, damit ihr glaubt, dass Jesus der Christus ist, der Sohn Gottes, und damit ihr durch den Glauben Leben habt in seinem Namen.«

Nun könnte aber jemand fragen: »Was ist mit Apostelgeschichte 20,21?« Paulus fasst seinen Dienst in Ephesus zusammen und sagt, er habe sowohl Juden als auch Griechen die Buße zu Gott und den Glauben an Christus bezeugt. Zeigt das denn nicht, dass Buße und Glaube eben nicht zwei verschiedene Worte für dieselbe Sache sind? Oder zumindest, dass Buße eine Vorbedingung für den Glauben ist? Nein, denn die beiden Worte *Buße* und *Glaube* sind durch ein Glied miteinander verbunden, das anzeigt, dass die beiden untrennbar sind, obgleich jedes von ihnen auf eine Facette der einzigen Bedingung abzielt, die zur Errettung nötig ist. Buße richtet den Blick auf die Sinnesänderung über eine frühere Vorstellung von Gott und über den Unglauben bezüglich Gottes und des Christus. Glaube an Christus zielt natürlich darauf hin, ihn als persönlichen Heiland anzunehmen.

Man hat auch die Annahme vorgeschlagen, Paulus betone in dieser Zusammenfassung den Unterschied zwischen den besonderen Bedingungen für Heiden und Juden. Die polytheistischen Heiden bedurften eines Sinneswandels bezüglich ihrer Vielgötterei und die Erkenntnis, dass es nur einen wahren Gott gibt. Die Juden bedurften einer Sinnesänderung über die Person Jesu und die Erkenntnis, dass er ihr wahrer Messias ist.

Wenn jemand seinen Sinn über Christus ändert und ihn als Heiland annimmt, wird es sicher auch Veränderungen in seinem Leben geben. Alle Gläubigen werden Frucht tragen, also werden der Bekehrung auch Veränderungen folgen.

Eine dritte Kategorie beim Gebrauch des Wortes *Buße* betrifft die Buße in der alltäglichen christlichen Lebenserfahrung. Christen bedürfen der Buße. Man erinnere sich des Mannes in Korinth, der sündigte und - durch Gemeindezucht geübt - zum Herrn zurückfand. Scheinbar war die Gemeinde allzu streng mit ihm und nicht bereit, ihn zur völligen Gemeinschaft wiederherzustellen (2Kor 7,9-11). So ermahnte Paulus die Gemeinde, von ihrem harten Stand umzukehren und den Mann wieder in die Gemeinschaft aufzunehmen. *Buße* bedeutet in diesem Fall, dass die Gemeinde ihren Sinn über ihre falsche Haltung gegenüber diesem Mann ändert.

In 2. Timotheus 2,25 befiehlt Paulus den Christen oder zumindest den bekennenden Christen, Buße über die Sünde in ihrem Leben zu tun; besonders über Sünden, die mit Lehrstreitigkeiten und mit der Zulassung von Irrlehrern zusammenhängen.

In den Sendschreiben an die sieben Gemeinden in Kleinasien finden wir gehäuft Ermahnungen für Christen, Buße zu tun.

Die Epheser wurden ermahnt, Buße zu tun über das Verlassen der ersten Liebe (Offb 2,5); die in Thyatira über ihre Unsittlichkeit (2,21-22); die in Sardes über ihre geistliche Leblosigkeit (3,3); die in Laodicea über ihre Lauheit (3,19). Also bedürfen einzelne Christen wie örtliche Gemeinden immer wieder der Buße über ihre Sünden.

Der Hauptpunkt

Wenden wir uns wieder der Hauptfrage dieses Kapitels zu: Ist Buße eine Bedingung für den Empfang des ewigen Lebens? Ja, wenn Buße bedeutet, dass jemand seinen Sinn über Jesus Christus ändert. Nein, wenn es bedeutet, Sünde zu bereuen oder eine Abkehr von Sünde zu geloben, denn beides *wird nicht erretten.* Ist Buße eine Vorbedingung für Glauben? Nein, obgleich der Heilige Geist die Erfahrung der Sünde und den Wunsch, sich von ihr abzukehren gebrauchen kann, um jemand auf den Heiland und auf sein Heil hinzuweisen. Buße kann den Weg für den Glauben bereiten, aber es ist der Glaube, der rettet, nicht die Buße (wenn sie nicht als ein anderes Wort für Glaube verstanden wird oder als ein Begriff dafür, dass jemand seinen Sinn über Christus ändert). Unser Herr kam, um jene zu suchen und zu retten, die verloren sind (Lk 19,10), einfach deshalb, weil die Gesunden des Arztes nicht bedürfen, sondern die Kranken (Mt 9,12).

Soll man heute Buße predigen? Natürlich, aber man muss die Bedeutung klarstellen. Vielleicht macht der Ruf zur Buße - das heißt, zum Bereuen ihrer Sünden - Menschen deutlich, dass sie die Vergebung dieser Sünden brauchen. Vielleicht kann die Buße in jemandem eine Sehnsucht hervorrufen, sich von schlechten Verhaltensweisen zu trennen. Der Geist kann die Buße als Reue gebrauchen, um jemand auf den Heiland hinzuweisen, der vergibt und neues Leben schenkt. Aber Reue allein kann nicht erretten.

Es ist grundlegend, Buße zu predigen in dem Sinn, dass jemand sein Denken über Jesus Christus verändert, denn ohne diese Art der Buße wird niemand gerettet werden. Im Neuen Testament allerdings dient der Begriff des Glaubens als ein Synonym für diese Art der Buße. Also muss der Glaube ebenso betont werden. So wird es bestimmt hervorgehoben vom Evangelium des Johannes an bis zu den Briefen des Neuen Testaments.

Ganz sicher bedürfen Christen der Buße. Das ist ein Gesichtspunkt dieses Begriffes, dem wir heute scheinbar zu geringe Aufmerksamkeit schenken. Wir Christen müssen unseren Sinn nicht nur betreffs besonderer Sünden verändern sondern auch im Bezug auf Dinge, die wir uns oft weigern als Sünden anzuerkennen. Solche Buße wird das Bekenntnis dieser Sünden einschließen, und das wiederum wird zur Erneuerung der Gemeinschaft mit unserem Vater und seiner Familie führen. Bedenken wir auch, dass örtliche Gemeinden der Buße über Sünden bedürfen, die heute ebenso aktuell sind, wie sie es für die Gemeinden im ersten Jahrhundert waren.

Drängen wir zur Buße. Machen wir dabei aber deutlich, worüber.

10

JÜNGER GIBT ES IN ALLEN GRÖSSEN UND FORMEN

»Wenn ihr in mir bleibt und meine Worte
in euch bleiben, so werdet ihr bitten,
was ihr wollt, und es wird euch geschehen.
Hierin wird mein Vater verherrlicht, dass ihr viel
Frucht bringt und meine Jünger werdet.«
Johannes 15,7-8

Mit dem großen Auftrag, den der Herr in Matthäus 28,18-20 erteilt, wird uns befohlen Jünger zu machen. Er beinhaltet zwei Tätigkeiten: Taufen und Lehren. Taufen ist eine einmalige Handlung, Lehren ein sich fortsetzender Prozess. Jünger müssen getauft werden (ein Beweis für die Errettung; deshalb könnte man sagen, Jünger müssen zuerst errettet sein). Dann müssen sie gelehrt werden, mehr und mehr zu gehorchen (alles zu beachten).

Zur Zeit des Neuen Testaments diente die Taufe als einer der deutlichsten Beweise dafür, dass ein Mensch Christus angenommen hatte. Die Taufe war noch nichts gewöhnliches oder routinemäßiges, wie es heute oft der Fall ist. Aus dem Neuen Testament geht klar hervor, dass die Taufe nicht errettet. Dennoch bedeutete getauft zu werden das unmissverständliche Zeugnis, dass man Christus angenommen hatte und sich unauflöslich mit der Gemeinschaft der Christen, der Gemeinde, verband. Natürlich mag es auch hier Ausnahmen gegeben haben; zum Beispiel könnte jemand getauft worden sein, der nicht wiedergeboren war. Normalerweise aber war ein getaufter Mensch ein erretteter Mensch, und ein erretteter Mensch war ein getaufter Mensch. Deshalb kann unser Herr in seinem großen Auftrag an uns den Begriff »Taufe« als eine Entsprechung für den Begriff »Heil« gebrauchen.

Eine wichtige Beobachtung: Ein getaufter Mensch (ein erretteter Mensch) kann wirklich errettet und doch noch ungelehrt sein, wenigstens nicht sehr gelehrt. Die Lehre muss folgen, aber sie kann nicht zu einer Vorbedingung oder Notwendigkeit dafür gemacht werden, dass man Christus annimmt.

Gewiss, ein auf dem Sterbebett Bekehrter, der unmittelbar oder beinahe sofort nach seiner Bekehrung stirbt, wird nicht gelehrt sein und wird so nicht die zweite Forderung des großen Auftrags erfüllen. Ist so ein Mensch nicht wahrhaft errettet, weil er keine Zeit mehr hatte, seine Jüngerschaft unter Beweis zu stellen? Tatsächlich war so einer höchstwahrscheinlich auch nicht getauft. Ist er deshalb nicht errettet? Ich denke man muss annehmen, dass ein auf dem Sterbebett Bekehrter nicht zu der Beschreibung passt, die man von einem Jünger hat, obwohl er wahrhaft errettet ist: Getauft und gelehrt zu sein gemäß dem großen Auftrag unseres Herrn.

Obgleich drei Partizipien die Befehlsform »macht zu Jüngern« einschließen, wird das erste richtig als Imperativ übersetzt: Geh! Die gleiche Satzkonstruktion finden wir in Matthäus 2,8, wo die gleiche Vokabel *Geh!* ebenfalls in der Form des Partizips steht und als Befehl übersetzt werden muss.

Der Auftrag befiehlt uns Jünger zu machen, die errettet sind, lernende und gehorchende Jünger. Aber Jünger geraten nicht immer nach diesem Muster.

Die Vielfalt der Jünger

Das Wort *Jünger* selbst bedeutet »Lehrling« oder »Schüler«. Es schließt stets eine Lehrer-Schüler-Beziehung ein. Johannes der Täufer hatte seine Jünger (Mt 9,14), die Pharisäer hatten ihre (Mt 22,16) und Paulus hatte seine (Apg 9,25).

Unser Herr hatte viele Jünger (Lk 6,17). Einige lernten nur eine gewisse Zeit, dann wurden sie abtrünnig und verließen ihn (Joh 6,66). Am Palmsonntag folgte eine große Menge von Jüngern dem Herrn, aber am Ende der Woche waren auch die meisten von ihnen abtrünnig geworden (Lk 19,37-39). Einige waren gläubig (Joh 8,31). Zumindest einer, Joseph von Arimathia, war eine gewisse Zeit lang heimlich ein Jünger (Joh 19,38). Einige gehörten zu einem engsten Kreis vertrauter Freunde (Mt

10,1; 17,1). Unser Herr erwartete von der Jüngerschaft, dass sie unbedingte Gefolgschaft beinhaltete. Aber das ist nicht immer so im Leben eines jeden Jüngers.

So gibt es Jünger jeder Form und in jedem geistlichen Zustand.

Aber das Wort *Jünger* finden wir im Neuen Testament nirgendwo außerhalb der Evangelien und der Apostelgeschichte. Das vielleicht deshalb, weil man von einem Jünger erwartete, dass er seinem Lehrer buchstäblich überallhin folgte, wohin er auch ging. Das bedeutete, Familie und Besitz zu verlassen, um allezeit bei seinem Lehrer sein zu können. Nach der Auferstehung und Himmelfahrt Christi war dieser Aspekt der Jüngerschaft unmöglich geworden, und so wurde das Wort in der Apostelgeschichte weniger häufig verwendet und im Rest des Neuen Testaments überhaupt nicht.

Jünger im Sinn des großen Auftrags sind Gläubige, die lernen und gehorchen. Aber Lernen und Gehorchen sind keine Vorbedingungen für den Glauben, sie sind Früchte des Glaubens. Wenn man die Beispiele von Jüngern in den Evangelien auf unsere heutige Zeit überträgt, dann muss man zu dem Schluss kommen, dass einige Jünger wenig lernen und einige viel; dass es solche gibt, die sich völlig hingeben und solche, die es nicht tun; dass manche heimlich nachfolgen und manche offenbar; dass einige beharrlich sind und einige abtrünnig. Alle aber sind sie Gläubige (oder zumindest bekennende Gläubige, die getauft wurden).

Kein Jünger wird niemals etwas lernen (wenn er sich nicht gerade auf dem Sterbebett bekehrt). Wieviel er aber lernen wird, kann niemand sagen. Kein Jünger wird niemals Frucht bringen, aber wie viel und wie sichtbar und wie lange, kann niemand sagen. Noch kann irgendjemand Umfang oder Menge des Lernens oder der Fruchtfülle nennen, die erforderlich wären, die Echtheit der Jüngerschaft unter Beweis zu stellen.

Betrachten wir Joseph von Arimathia. Nach Jesu Tod ging er zu Pilatus, um den Leib des Herrn zu erbitten, damit er ihn für das Begräbnis vorbereiten und in die Gruft legen könnte, die er für sein eigenes späteres Begräbnis hatte anlegen lassen. Johannes sagt, er sei ein heimlicher Jünger Jesu gewesen, weil er sich vor den Juden fürchtete (Joh 19,38). Doch der Schreiber des Evangeliums sagt eindeutig, dass er ein Jünger war. Wie lange war er Jünger, ehe unser Herr gekreuzigt wurde? Wir wissen es nicht mit Sicherheit. Aber für eine gewisse Zeitspanne war Joseph beides gleichzeitig: Ein Mitglied des Sanhedrin (Lk 23,50) und ein heimlicher Jünger Jesu. Er gab der Entscheidung des Sanhedrin, Jesus zu verurteilen, nicht seine Zustimmung, aber das musste ihn nicht unbedingt verraten und ihn als Anhänger Jesu offenbar machen. Er könnte sich den Überlegungen des Rates einfach entzogen haben. Auch, als er die Erlaubnis erbat, den Leib Jesu zu übernehmen, wurde sein Geheimnis nicht für jedermann offenbar.

Wenn ein Befürworter der Lehre, dass Errettung Herrschaft oder Jüngerschaft oder Meisterschaft voraussetzt, in den Tagen unseres Herrn gelebt hätte, und wenn man ihn zu irgendeinem Zeitpunkt vor der Verurteilung und Kreuzigung Jesu gefragt hätte, ob Joseph einer von Jesu Jüngern sei - was wäre wohl seine unverzügliche Antwort gewesen?

Heute sehen wir das Konzept der Evangelien von Jüngerschaft als Beziehung zwischen einem Lehrer und seinem Schüler übertragen auf eine Beziehung zwischen einem Herrn und seinem Diener. Man sagt uns, es könne einer kein echter Gläubiger sein, wenn er nicht sein Leben der Meisterschaft Christi übergeben habe. Man sagt uns, dass einer Christi Joch auf sich nehmen müsse, wenn er glaubt, sonst sei sein Glaube nicht echt. Und man sagt uns auch, dass es kein Heil gebe, ohne das Kreuz zu tragen. Oder, um errettet zu werden, »musst du Christus als deinen Heiland und als deinen Herrn annehmen«.

Apostelgeschichte 16,31

So wird beispielsweise die Antwort des Paulus auf die Frage des Kerkermeisters zu Philippi, was er zu seiner Errettung tun könne (»Glaube an den Herrn Jesus«) so verstanden, als bedeute sie den Glauben an Jesu Tod und Herrschaft (d. h. seine Meisterschaft) über jemandes Leben. Wie kommt es aber, dass die, die solches lehren, dass ich Jesus nicht annehmen kann, ohne seine Herrschaft über mein persönliches Leben anzunehmen, nicht auch darauf bestehen: Dass man Jesus als seinen Messias (als Christus also) annehmen muss mit allem, was das Konzept des Messias beinhaltet? Das würde auch für Anfänger bedeuten, dass man zur Errettung glauben muss, dass Jesus Israels verheißener Befreier ist, der viele alttestamentliche Prophetien erfüllt, und der künftige König dieser Erde. Ist die Anerkennung all dessen, was den Messias ausmacht, Teil des notwendigen Glaubensinhalts zu einer echten Heilserfahrung?

Nehmen wir einmal an, *Herr* in Versen wie Apostelgeschichte 16,31 bedeute Herr über jemandes Leben, und dies sei eine notwendige Bedingung für die Erlangung des Heils (parallel zum Glauben). Dann müssen wir begreifen, dass ein Mensch nicht wirklich wiedergeboren sein kann, ohne sich für die Herrschaft Jesu über sein Leben entschieden zu haben. Und wenn es so wäre - welchen Umfang hat die Herrschaft? Müssen alle Bereiche seines Lebens bei seiner Bekehrung zurücktreten? Muss man sich der Herrschaft Christi unterwerfen oder zumindest die Bereitschaft haben, es zu tun, um errettet zu werden? Viele beantworten diese Frage laut und leidenschaftlich mit Ja.

Aber natürlich müssen wir in der Bibel nach der Antwort auf diese Frage suchen. Welches Licht wirft sie auf diese wichtige und ernste Angelegenheit, die im Mittelpunkt der Botschaft des Evangeliums steht?

Für einige scheint das Motiv für das Beharren, dass Herrschaft ein Teil des Evangeliums ist, der Versuch zu sein sicherzustellen, dass Bekehrte »Goldwäscher« werden. Das ist gewiss ein edles Motiv, denn wir alle sind betroffen über die Rückfälle unter denen, die bekennen zu glauben. Aber diese Rückfälle werden nicht verhindert dadurch, dass wir dem Evangelium eine weitere Bedingung hinzufügen, denn wie viele, die dieses Herrschaftsversprechen abgeben, können es auch halten? Und wenn sie es nicht halten, dann war es vielleicht gar kein echtes Versprechen und folglich auch keine echte Bekehrung.

Die Frage ist einfach: Bedeutet mangelndes Einverständnis mit Christi Herrschaft über jemandes Leben, dass da kein errettender Glaube sein kann? Ist Glaube ohne Herrschaft errettender Glaube?

Es ist nicht die Frage, ob Gläubige sündigen oder ob sie Frucht tragen werden. Sie *werden* sündigen und sie *werden* Frucht tragen. Es ist auch nicht die Frage, ob Gläubige sich der Entscheidung gegenübersehen, wer ihr Leben lenken wird. Die Frage ist vielmehr, ob die Übergabe des eigenen Lebens (oder die Bereitschaft zur Übergabe) eine notwendige Bedingung des Glaubens und damit des Evangeliums ist.

»Die Herrschaftslehre betont ausdrücklich die Notwendigkeit, Christus bei der Annahme als persönlichen Heiland auch als Herrn und Meister des eigenen Lebens anzuerkennen. Dies sind nicht zwei unterschiedliche, aufeinander folgende Handlungen (oder nacheinander zu gehende Schritte), sondern vielmehr ein einziger Akt des reinen, vertrauenden Glaubens.«[1]

»Zur Errettung ist ein wenig mehr nötig als ›glauben‹ ... Niemand kann Christus als seinen Heiland annehmen, der ihn als seinen Herrn zurückweist!«[2]

Einige bevorzugte Verse über Errettung

Einige der bevorzugten Verse über Errettung im Neuen Testament beinhalten nicht das Erfordernis der Unterwerfung, sondern nur das des Glaubens. Johannes 1,12 verspricht, wer ihn auf nimmt, wird ein Kind Gottes werden. Der »ihn« ist natürlich Jesus, aber im Zusammenhang liegt die Betonung auf Jesus als Gott, nicht als Herr des Lebens. Er ist das Wort (Vers 1), er ist Gott (Vers 1), er ist der Schöpfer (Verse 3 und 10), er ist Licht und Leben (Vers 4), er war im Fleisch (Vers 14), er löste das Gesetz Moses ab (Vers 17) und er war derjenige, der Gott bekanntmachte (Vers 18). Die Betonung in dieser Passage scheint darauf zu liegen, dass wir den empfangen müssen, der Gott ist und Mensch wurde. Es ist der Gott-Mensch, den als Heiland anzunehmen Johannes uns auffordert. Hier ist nirgendwo von persönlicher Herrschaft oder Meisterschaft über jemandes Leben die Rede.

Die Lehre der Errettung durch Herrschaft oder Jüngerschaft oder Meisterschaft erklärt Joh 1,12 so: »Johannes 1,11.12 unterscheidet diejenigen, die ihn ›annahmen‹ von denen, die ihn als Messias verwarfen. Die Christus annahmen, waren Menschen, die sich mit allem, was er für sich in Anspruch nahm, rückhaltlos ergaben.«[3] Aber der einzige in dieser Passage erhobene Anspruch scheint zu sein, dass er der Messias ist. Das ist kein Herrschaftsanspruch. Aber wenn es die vorbehaltlos zu erfüllende Forderung ist, dann könnte man zu dem Schluss kommen, dass fast alle Heiden, die von sich sagen, sie seien errettet, in Wirklichkeit nicht errettet sind. Nicht viele Heiden stellen sich den messianischen Ansprüchen Christi, wenn sie ihn annehmen.

Auch die oft zitierte Passage Johannes 3,16 führt diese Frage nicht in die Diskussion ein. Sie beinhaltet nicht und setzt auch nicht voraus, dass die Herrschaftsfrage Teil oder Aspekt der

Bedingungen für den Glauben sei. Der Herr betonte gegenüber Nikodemus, er sei derjenige gewesen, der vom Himmel herabstieg, und er sei der Sohn des Menschen. So liegt auch hier wieder die Betonung, soweit sie die Person Christi betrifft, darauf, dass er sowohl Gott als auch Mensch ist. Wer auch immer an diese einzigartige, einzig gezeugte Person glaubt, wird ewiges Leben haben.

Die Lehre, nach der Errettung durch Herrschaft oder Jüngerschaft oder Meisterschaft erworben wird, erklärt hierzu, dieser Vers bedeute »mehr als die Anerkennung und Bestätigung der Wahrheit, dass er Gott, gekommen im Fleische, ist, und zu glauben, was er sagt.«[4] Was denn mehr? Im nächsten Satz führt der Autor aus: »Wahrer Glaube mündet in Gehorsam.«[5] Das wird niemand in Zweifel ziehen, weil Gläubige Frucht tragen werden. Den Anspruch der Herrschaft über jemandes Leben aber als eine Bedingung für »echten Glauben« in Johannes 3,16 hineinzulegen und nicht als eine Folge solchen Glaubens zu betrachten, heißt, dem Vers etwas hinzuzufügen, was er nicht aussagt.

Natürlich muss man bereit sein, einmal so jemand zu werden, aber der Empfang des Geschenkes, das ewiges Leben heißt, bedingt keinen Herrschaftsanspruch über das Leben. Er ist wohl sehr mit Gottes Wünschen für seine Kinder verknüpft, aber es bringt uns nicht in die Familie Gottes, sich diesem Anspruch gegenüberzusehen und diesbezüglich eine Entscheidung zu treffen.

Das in Johannes 3,14 herangezogene Bild aus dem Alten Testament stützt nicht die Herrschaftslehre. Es war nicht mit einem Herrschaftsanspruch verbunden, als die Israeliten aufgefordert wurden, zu der ehernen Schlange auf dem Pfahl aufzuschauen, um von den tödlichen Schlangenbissen geheilt zu werden (4Mo 21,4-9). Sie mussten nur schauen, um zu leben. Sie mussten nicht die Bereitschaft geloben, Gott für den Rest ihrer Wüstenwanderungen zu folgen. Und wirklich - sie taten es auch nicht in der folgenden Zeit. Sie murrten vielleicht nicht mehr über die Nahrungsmittel, die ihnen zur Verfügung standen.

Aber sie sündigten wieder sehr schmerzlich, als sie den Baal von Peor verehrten (4Mo 25,1-3).

Sieh und lebe! Einer, der schaut, muss bereits gebissen worden sein. Aber sie sahen, was mit den anderen geschah, die an dem Biss gestorben waren. Andere mussten selbst dem Tode nah gewesen sein. Wie lange dauerte ein Blick? Ein Augenzwinkern? Eine Minute? Wie nah musste man dem Pfahl kommen? So, dass man ihn gerade noch sehen konnte, oder nahe genug, um ihn zu berühren? Durfte man mit fiebrigen, verschleierten Augen hinschauen oder mussten die Augen hell und klar sein? All dies machte keinen Unterschied. Ein Blick war alles, was zur Heilung nötig war.

Das in 4. Mose 21,8 gebrauchte hebräische Wort für *anschauen* »bedarf keines besonderen Kommentars, denn es ist das gewöhnliche Wort für das Sehen mit den Augen.«[6] Eine andere Wurzel für *anschauen* in 4. Mose 21,9 »bezeichnet das, was jemand mit dem Auge tut (Ps 94,9), das alles erfasst vom bloßen Hinschauen (1Sam 17,42) bis zur sorgfältigen, verstärkten und gefälligen Betrachtung (Jes 5,12; Ps 74,20; 119,6.15). Es steht oftmals neben *ra'a* ›sehen‹ [das ist das in Vers 8 verwendete Wort].«[7] So übermitteln die in dieser Passage verwendeten einzelnen Wörter keine besondere Bedeutung betreffs der Art, wie ein Israelit zu schauen hatte.

> »Wären die Schlangen gemäß des Gebets des Volkes nur weggetan worden, würde das die Verwundeten nicht geheilt haben. Es musste ein Heilmittel bereitgestellt werden, das auch die Sterbenden wiederherstellen konnte und die Lebenden schützte ... Der gläubige Israelit hört auch in seinem Todeskampf die Proklamation der Befreiung, er hebt sein erschlafftes Haupt, schaut und ist geheilt ... Das war die Folge nur eines Blickes. Nichts weiter wurde von den gebissenen Israeliten gefordert ... Sie mussten nur auf die Schlange schauen; Gottes Verordnung für die völlige Wiederherstellung.«[8]

Zurück zu den bevorzugten Erlösungsversen. Nach Johannes 5,25 muss der Glaube auf Gott gerichtet sein, der Christus als Sohn des Menschen sandte:

> »Wahrlich, wahrlich, ich sage euch: Wer mein Wort hört und glaubt dem, der mich gesandt hat, [der] hat ewiges Leben und kommt nicht ins Gericht, sondern er ist aus dem Tod in das Leben übergegangen.«

Wieder liegt die Betonung auf dem Sohn des Menschen, der vom Himmel kam. In diesem Versprechen finden wir keinen Herrschaftsanspruch.

Dasselbe gilt für Johannes 6,40:

> »Denn dies ist der Wille meines Vaters, dass jeder, der den Sohn sieht und an ihn glaubt, ewiges Leben habe.«

Auch dieser Vers enthält keinen Herrschaftsanspruch - nur den Glauben an den Sohn, den der Vater gesandt hat.

Wenn Herrschaft eine Bedingung ist, die zur Errettung erfüllt werden muss, dann sind diese bevorzugten Erlösungsverse unvollständig, missverständlich oder schlicht falsch.

Was ist mit der samaritischen Frau, mit der der Herr am Jakobsbrunnen sprach? Welche Bedingungen wurden ihr von ihm auferlegt? Sie hatte fünf Ehemänner oder Männer gehabt, und der, mit dem sie zusammenlebte, war nicht ihr Ehemann. Sie lebte eindeutig in Sünde. Was für eine Gelegenheit für den Herrn, ihr als Gegenleistung für sein Geschenk des lebendigen Wassers (ewiges Leben) die Bereitschaft abzufordern, diese unsittliche Verbindung zu verlassen. Was für eine wunderbare Fallstudie hätte diese Frau allen Herrschafts-Advokaten von damals bis heute bieten können. Aber der Herr hatte ihr bereits gesagt, was nötig war, damit sie lebendiges Wasser bekäme (Joh 4,10) - das Geschenk (nicht: Belohnung) Gottes zu kennen, und wer er war, und ihn dann um dieses Wasser zu bitten. Auch nachdem einige Einzelheiten ihrer schäbigen Vergangenheit und Gegenwart ans Licht gekommen waren, änderte Jesus seine Botschaft nicht. Er ließ zu, dass sie ihn mit ihrer Frage nach dem Ort der Anbetung ablenkte, aber er führte diesen Teil der Unterhaltung zurück zu der Tatsache, dass er der verheißene Messias war (Vers 26). Die Bibel berichtet uns nicht, ob die Frau ihren Lebensgefährten verließ und ihr Leben aufs rechte Gleis brachte. Aber der Bericht darüber, wie sie ewiges Leben bekommen konnte, ist glasklar. Man empfängt das Geschenk des ewigen Lebens, indem man Christus darum bittet.

Beispiele unentschiedener Gläubiger

In der Bibel finden wir auch klare Beispiele von Menschen, die gerettet wurden, die aber der Heiligung ermangelten oder sie zurückwiesen.

Man denke an Lot. Er eignet sich kaum als Beispiel für Gefolgschaft Gottes an irgendeinem Punkt seines Lebens, soweit es uns berichtet wird. Es dürfte schwierig sein, Frucht in Lots Leben aufzuzeigen. Er schien niemals Reue über irgendetwas zu empfinden. Er war selbstsüchtig. Er hatte so wenig Charakter, dass er den Männern Sodoms seine jungfräulichen Töchter anbot, damit sie seine beiden Gäste verschonten. Sein Zeugnis war von geringem Wert sowohl in seiner eigenen Familie als auch bei seinen Schwiegersöhnen, denn sie hatten taube Ohren für seine Warnung vor dem hereinbrechenden Gericht. Sogar Lot selbst verliess Sodom nur widerwillig und musste aus der Stadt herausgezerrt werden (1Mo 13,11; 19,14.16). Doch das Neue Testament sagt, er sei ein Gerechter gewesen (2Petr 2,7). Wenn die Bedingungen der Herrschaftslehre auf ihn angewandt würden, dann müssten wir daraus schließen, dass er nicht errettet wäre. Aber das Neue Testement teilt mit: Er war es.

Man denke an den Zustand der Gläubigen in Ephesus (Apg 19,1-20). Paulus diente mehr als zwei Jahre lang in dieser Stadt. Einige glaubten vom Beginn seines Dienstes an; andere kamen später zum Glauben. Sie bekehrten sich von einem Lebensstil, der die Hingabe an magische Künste beinhaltete, die auf dem Kauderwelsch beruhten, das in die Statue der Diana im großen Tempel zu Ephesus eingemeißelt war. Aber viele, wenn nicht die meisten dieser Gläubigen, vollführten weiterhin ihre abergläubischen Praktiken auch dann noch, nachdem sie dem Herrn geglaubt hatten (und Apg 19,18 stellt unzweifelhaft fest, dass sie Gläubige *waren*). Es wäre Wunschdenken anzunehmen, sie hätten nicht gewusst, dass solche Handlungen falsch waren, als sie Christus annahmen und während der zwei darauffolgenden Jahre, in denen sie sie weiter vollführten. Die Zauberbücher waren direkt mit dem Idol im großen Tempel verknüpft. Aber es dauerte bis zum Ende von Paulus' Dienst in Ephesus, dass sich die Gläubigen endlich dieser sündhaften Handlungen überführt sahen, ihre Sünden bekannten und die Bücher verbrannten. Natürlich gab es Menschen in Ephesus, die an Christus gläubig wurden und sehr wohl wussten, dass sie ihre abergläubischen magischen Künste aufgeben sollten, die aber nicht bereit waren, es zu tun (einige für zwei oder mehr Jahre). Und dennoch waren sie wiedergeboren. Ihr Heil war nicht davon abhängig, dass sie glaubten *und* sich der Herrschaft Christi im Hinblick auf ihren sündigen Umgang mit der Magie unterwarfen. Auch die mangelnde Bereitschaft, diese Bücher aufzugeben, schloss sie nicht davon aus, eine neue Schöpfung in Christus zu werden. Ihr Heil war nicht davon abhängig, dass sie glaubten *und* den Glauben an abergläubische Praktiken aufgaben oder bereit dazu waren.

Zu irgendeinem Zeitpunkt während dieser paar Jahre könnten Vertreter der Herrschaftslehre (wenn sie in diesen Tagen gelebt und die Familien einiger dieser Gläubigen besucht hätten) das Leben solcher Epheser betrachtet und daraus geschlossen haben, sie seien nicht errettet. Aber die Bibel sagt, dass sie es waren. Wer sind wir also, dass wir ihnen oder irgendjemand sonst Bedingungen auferlegen wollen (dass sie wenigstens bereit sein sollten, ihre Zauberbücher aufzugeben)? Gott tut es nicht und wir dürfen es nicht. Es gibt eine Reihe von Anordnungen, denen Christen Folge leisten müssen, aber ein Christ zu werden, erfordert nur das Geschenk des ewigen Lebens durch unseren Herrn.

Vor einigen Jahren war ich im Ausland und wurde nach einem abendlichen Dienst von einer Gruppe von amerikanischen Missionaren, die dort arbeitete, angesprochen. Diese Missionare waren vom Evangelium der Errettung durch Herrschaft infiziert und hatten die dreizehn Seiten gelesen, die ich über diese Frage 1969 verfasst hatte. Sie waren begierig, die Sache zu diskutieren. Ich kannte sie nicht und sie waren nicht eingeladen, aber ich konnte nicht verhindern, mit ihnen zusammenzutreffen. So redeten wir in dieser Nacht eine ganze Weile miteinander.

Schließlich ließ ich mich zu einer Illustration herab und stellte ihnen den folgenden Fall vor. Wir alle wussten auch zu dieser Zeit, dass Rauchen ein erwiesenermaßen ernstes Gesundheitsrisiko beinhaltet. Ich sprach über eine fiktive Person, die errettet werden wollte, die aber Raucher war. Nun wusste der Betreffende sehr gut, dass Rauchen seine Gesundheit gefährdete und es war ihm klar, dass er es aufgeben sollte, wenn er ein Christ würde. Dazu aber war er weder fähig noch bereit. So fragte ich die Anwesenden: »Kann er nun nicht errettet werden, ehe er das Rauchen aufgegeben hat oder zumindest bereit dazu ist?« Widerwillig gaben sie zu, dass ihr Standpunkt sie zwang zu sagen: Nein, er kann nicht errettet werden.

Ich werde eine Zusatzfrage stellen. Angenommen, so jemand gäbe ein Glaubensbekenntnis ab, das - soweit man das überhaupt sagen kann - echt ist. Könnte er wirklich gerettet sein und doch mit dem Rauchen fortfahren, wohl wissend, dass er damit Gottes Wunsch empfindlich verletzt, dass wir auf unseren Leib achten sollen? Wenn er bis zum Tage seines Todes weiter rauchte - wäre ich dann gezwungen anzunehmen, dass sein Bekenntnis nicht echt und dass er überhaupt nicht errettet war? Oder könnte ich sicher sein, dass er trotz der anfänglichen Unwilligkeit, als er zu Christus kam und trotz des fortgesetzten Ungehorsams in seinem Christenleben nichtsdestoweniger nun im Himmel ist?

Das sind wichtige Fragen, die wir alle uns beantworten müssen, wenn wir Gottes Gute Nachricht klar verkündigen wollen.

11

ES IST NICHT LEICHT, ZU GLAUBEN

»Jeder, der den Namen des Herrn anrufen wird, wird errettet werden.«
Römer 10,13

»Ich kann nicht sagen, wie er mir diesen
rettenden Glauben gewährte hienieden,
noch, wie das Vertrauen auf sein Wort
in meinem Herzen wirkte den Frieden.
Aber ›ich weiß, wem ich geglaubt habe,
und bin überzeugt, dass er mächtig ist,
mein anvertrautes Gut
bis auf jenen Tag zu bewahren.‹«
Daniel W. Whittle

Es sollte ein Gesetz geben. Ein Gesetz gegen die Annahme persönlicher Schecks zur Bezahlung von weniger als 20 Dollar.

Wie oft habe ich Schlange gestanden und gewartet und gewartet, bis vor mir endlich jemand seinen Scheck über sechs Dollar für irgendwelche Lebensmittel oder über acht Dollar für sonstigen Kleinkram ausgestellt hatte.

Wozu die Warterei? Einfach deshalb, weil es nicht leicht ist zu glauben. Ich weiß, dass mein Scheck okay ist. Die Kassiererin weiß, dass ich für den Betrag gut bin. Sie hat schon zuvor oft mit mir als Kunden zu tun gehabt. Aber das Szenario ist immer dasselbe. »Zeigen Sie mir Ihren Führerschein!« Dann muss sie die Nummer eintippen, um sicher zu sein, dass mein Kundenkonto glatt ist. Alles klar. »Zeigen Sie mir Ihre Hauptkreditkarte!« Sie tippt diese Nummer ein. Alles klar. Schließlich zeichnet der Filialleiter den Scheck ab. Jetzt glaubt mir der Laden. Aber es war nicht leicht.

Und wir sprechen hier nur über Geld und meistens nicht einmal über einen hohen Betrag.

Es ist nicht leicht, an Jesus zu glauben

Nehmen wir einmal an, der Betrag beläuft sich nicht auf sechs oder acht Dollar, sondern er heißt ewiges Leben. Und nehmen wir weiter an, man habe mir gesagt: »Glaube nur! Das ist alles was du tun musst, um ewiges Leben zu bekommen.« Es wäre nicht leicht zu glauben. Es steht zuviel auf dem Spiel, und je mehr auf dem Spiel steht, desto schwerer wird es zu glauben.

Wenn wir jemand auffordern, an den Herrn Jesus Christus zu glauben, dann fordern wir etwas sehr schwieriges. Erstens: Wir verlangen, an jemand zu glauben, den der Angesprochene niemals gesehen hat. Jemand, der in sehr, sehr weit zurückliegender Vergangenheit lebte. Jemand, für dessen Charakter kein lebender Augenzeuge bürgen kann; auch nicht für die Wahrheit seiner Worte. Jemand, dessen Biographie vor sehr langer Zeit geschrieben wurde - und dann auch noch von solchen, die seine Freunde waren.

Zweitens: Wenn wir jemand auffordern zu glauben, dass Christus seine Sünden vergeben kann, dann verlangen wir von ihm, einem beinah unglaublichen Konzept zu vertrauen. Hier steht nicht nur der Additionsstreifen im Supermarkt oder irgendein Preis im Warenhaus auf dem Spiel. Wir verlangen von ihm oder ihr zu glauben, dass diese unsichtbare Person, die vor so langer Zeit gelebt hat, Sünden vergeben kann, dass sie ewiges Leben geben kann und dass sie uns eine Wohnstätte im Himmel garantiert. Und diese Vergebung kann gewährt werden, weil diese Person an unserer Stelle gestorben ist. Ist das leicht?

Wenn jemandes Glaube falsch ist oder fehl am Platz, dann könnte das ein sehr teuer zu bezahlender Irrtum werden. Der Preis beläuft sich nicht auf ein paar Dollar oder auf ein paar Jahre irdischen Lebens. Er heißt: Ewigkeit. Da der Glaube all dies einschließt, ist es nicht leicht zu glauben.

Wir glauben allezeit

Und doch glauben wir alle jeden Tag auf hunderterlei Weise. Wir glauben, dass jeder Mitarbeiter im Wasserwerk seine Arbeit gut macht, so dass wir nur den Hahn aufdrehen müssen, um ganz sicher nicht zu verdursten. Wir glauben, dass der Brief, den wir losgeschickt haben, auch wirklich beim gewünschten Empfänger ankommt. Wir glauben, dass das Geschick der Bauingenieure und Bauunternehmer, die die vielen Gebäude geplant und errichtet haben, bei denen wir täglich ein- und ausgehen uns davor schützt, dass sie uns auf den Kopf fallen. Und (das verblüfft mich immer wieder): »Ihre Bilder sind morgen fertig oder Sie brauchen nichts zu bezahlen.«

Was ist Glaube?

Was ist Glaube? Ist es ein bloßes Fürwahrhalten von Tatsachen? Beinhaltet es irgendeine Art von Übergabe; besonders die Übergabe der restlichen Lebenszeit? Was bedeutet es, wenn die Bibel sagt: Auch die Dämonen glauben - und zittern (Jak 2,19)? Wie kann jemand scheinbar glauben und nicht errettet sein, während andere glauben und errettet sind?

Glauben bedeutet »Zuversicht, Vertrauen, etwas für wahr halten«. Gewiss, Glaube muss einen Inhalt haben. Man muss seine Zuversicht *auf etwas hin* oder *auf jemand* setzen. An Christus glauben zum Heil bedeutet die Zuversicht, dass er die Schuld der Sünde abtun und ewiges Leben geben kann. Es bedeutet zu glauben, dass er das Problem der Sünde lösen kann, das jemanden vom Himmel ausschließt.

Man kann Christus auch bezüglich einer Menge anderer Dinge glauben, aber das hat nichts mit dem Heil zu tun. Man kann glauben, dass er Israels Messias ist, und er ist es. Man kann glauben, dass er ohne das Zutun eines menschlichen Vaters gezeugt und geboren wurde, und es ist wahr. Man kann glauben, dass das, was er während seines Erdenwandelns lehrte, gut war, edel und wahrhaftig, und das war es auch. Man kann glauben, dass er auf die Erde zurückkommen wird, und er wird es tun. Man kann glauben, dass er der Richter über alles ist, und er ist es. Man kann glauben, dass er ein Prophet ist, und er ist einer. Man kann glauben, dass er ein Priester ist, und man kann auch glauben, dass seine Priesterschaft nach der Ordnung Melchisedeks ist, und so ist es auch. Ich kann glauben, dass er mein Leben lenken kann, und sicherlich kann und wird er es tun.

Aber all das hat nichts mit dem Heil zu tun. Das entscheidet sich vielmehr daran, ob man glaubt oder nicht glaubt, dass er mit seinem Tod für alle Sünden bezahlt hat und dass man durch den Glauben an ihn Vergebung und ewiges Leben haben kann.

Glaube hat auch einen intellektuellen Aspekt. Die grundlegenden Fakten sind, dass Christus für unsere Sünden starb und aus den Toten auferstanden ist (1Kor 15,3-4; Röm 4,25). Der Glaube ist mit der Zustimmung beziehungsweise dem Einverständnis zu diesen Fakten verknüpft. Man kann die Tatsachen des Evangeliums kennen und entweder mit ihnen übereinstimmen oder nicht. Aber Glaube beinhaltet auch einen Willensakt, denn wir müssen uns entscheiden: Wir können Gottes Gebot zu glauben gehorchen oder es zurückzuweisen (Apg 16,31). Welche Wahl auch immer wir treffen - unser Wille ist daran beteiligt.

Diese drei Aspekte des Glaubens sind in der Theologie ganz allgemein. Charles Hodge zum Beispiel stellte die mit dem Evangelium verbundenen Glaubensinhalte so dar:

> »Daher beinhaltet der mit dem Heil verbundene Glaube Kenntnis, das ist eine Wahrnehmung der Wahrheit und ihrer Eigenschaften; Zustimmung oder die Überzeugung von der Wahrheit des Glaubensinhalts, und zuversichtliche Hoffnung oder Vertrauen. Der durch das Wort *Glaube*, wie es in der Heiligen Schrift verwendet wird, zum Ausdruck gebrachte Bewusstseinsstand bewirkt nicht das Üben bloßer Zustimmung oder bloßen Vertrauens. Es ist die einsichtsvolle Wahrnehmung, Empfindung und zuversichtliche Hoffnung der Wahrheit, wie sie im Evangelium geoffenbart wird.«[1]

Man beachte die deutliche Zielrichtung von Hodges' Definition. Er spricht über den »mit dem Heil verbundenen« Glauben.

Louis Berkhof, reformierter Theologe wie Hodge, verbindet im Glauben dieselben drei Elemente: Erstens ein intellektuelles Element (*notitia*) oder eine Kenntnis, zweitens ein emotionales

Element (*assensus*) oder Zustimmung zur Wahrheit und drittens ein willensmäßiges Element (*fiducia*) oder die Einbeziehung des menschlichen Willens.[2]

Bei der Ausarbeitung des dritten Glaubenselementes, des willensmäßigen, zielt Berkhof deutlich auf das ab, woraus es besteht. Er schreibt: »Das dritte Element wird gebildet aus persönlichem Vertrauen auf Christus als Heiland und Herr einschließlich einer Übergabe der Seele an Christus als schuldig und befleckt, und der Aufnahme und Aneignung Christi als der Quelle von Vergebung und geistlichem Leben.«[3] Und weiter: »Dann ist der Gegenstand besonderen Glaubens Jesus Christus und das Versprechen des Heils durch ihn. Der besondere Glaubensakt besteht in der Aufnahme Christi und im Ruhen auf ihm, wie er im Evangelium vorgestellt wird.«[4] Berkhof redet bei der Untersuchung dieser drei Glaubenselemente nicht einer Christusherrschaft über jemandes Leben das Wort. Sein dritter Aspekt, *fiducia*, betrifft die Einbeziehung des menschlichen Willens in das persönliche Vertrauen auf den Herrn betreffs des Heils, keine Unterstellung des Lebens unter seine Herrschaft (ganz im Gegensatz zu MacArthur).[5]

John Murray, ein weiterer reformierter Theologe, sieht im Glauben dieselben drei Elemente: Kenntnis, Verurteilung und Vertrauen sind die Worte, die er verwendet. Bei seiner weiteren Betrachtung des Vertrauens schreibt er:

> »Es ist eine Übertragung der zuversichtlichen Hoffnung, die wir auf uns selbst und auf alle menschlichen Quellen setzen, in eine gewisse Hoffnung auf Christus allein als Grund des Heils. Es heißt, ihn empfangen und auf ihm ruhen. Hier sehen wir den charakteristischsten Glaubensakt; es ist eine Verpflichtung von Person zu Person - ein Anhängen des verlorenen Sünders an die Person des Heilands, der bereit und in der Lage ist, zu retten ... Glaube ist das Vertrauen auf eine Person, die Person Christi, des Sohnes Gottes und Heilands der Verlorenen. Es

bedeutet, uns ihm anzuvertrauen. Es bedeutet nicht einfach, ihm zu glauben; es bedeutet, seinen Glauben in ihn und auf ihn zu setzen.«[6]

Mehr als Tatsachen

Aus den hier vorgestellten Beschreibungen des Glaubens wird offensichtlich, dass Glaube mehr beinhaltet als die Kenntnis von Tatsachen. Die Tatsachen müssen da sein, sonst ist der Glaube leer. Es ist aber auch ein Teil des Glaubens, der Wahrheit dieser Tatsachen zuzustimmen. Aber auch Zustimmung, sogar wenn sie echt ist, muss von einem Willensakt begleitet sein, auf die Wahrheit zu vertrauen, zu deren Kenntnis man gelangt ist und der man zugestimmt hat.

Hodges' Verwendung des Wortes *Vertrauen* dürfte heutzutage besonders geeignet sein, denn die Worte *glauben* und *Glaube* scheinen manchmal verwässert zu sein, so dass sie wenig mehr übermitteln als gewisse Fakten. Vertrauen aber setzt zuversichtliche Hoffnung voraus, Engagement und Überzeugung von dem Gegenstand oder der Wahrheit, der man vertraut. Ein Element dieses Engagements muss ein gegenwärtiges Hoffen auf Christus zum Heil sein, aber das bedeutet Engagement auf ihn hin, auf sein Versprechen und auf seine Macht, denen, die glauben, ewiges Leben zu geben.

Gegenstand des Glaubens oder Vertrauens ist der Herr Jesus Christus, wie wenig oder wie viel man auch von ihm wissen mag. Der Grund, warum wir ihm vertrauen, ist seine Macht, unsere Sünden zu vergeben und uns in den Himmel zu bringen. Und weil er Gott der Herr ist, gibt es ein Element der Beugung vor ihm und seiner Anerkennung als ein Höchster, wenn ihm einer zur Errettung vertraut.

Jakobus 2,19

Aber - gibt es nicht eine Art des Glaubens, die nicht errettet? Stellen nicht die Dämonen solchen Glauben zur Schau? Wir werden gelehrt, dass die Dämonen glauben und zittern (Jak 2,19). Was glauben die Dämonen? Der erste Teil des Bibelverses beantwortet diese Frage. Sie glauben an *einen* Gott. Sie sind Monotheisten. Und sie zittern weil sie wissen, dass dieser Gott sie eines Tages richten wird. Sie werden nicht die Wahl haben, von irgendeinem anderen Gott gerichtet zu werden, der ihre Sünden vielleicht übersehen könnte, weil nur ein einziger wahrer Gott existiert. Jakobus sagt nicht, was sie sonst noch glauben. Das einzige, was uns in diesem Vers gesagt wird, ist, dass sie an *einen* Gott glauben. So ist dieser Vers - oft zitiert, um zu zeigen, dass Geschöpfe glauben können und doch nicht errettet sind - für die Frage des Heils irrelevant. Denn er sagt nur aus, dass Dämonen Monotheisten sind.

Dennoch ist es wahr, dass Menschen glauben können und doch nicht errettet sind. König Agrippa glaubte offenbar den Tatsachen, die bestätigten, dass Jesus von Nazareth der verheißene Retter war (Apg 26,27). Aber er weigerte sich, Jesus und seine Rettung anzunehmen.

Was macht den Unterschied aus zwischen denen, die glauben und nicht errettet sind und denen, die glauben und das Heil haben? Offenbar kennen die Erstgenannten die Tatsachen des Evangeliums und stimmen vielleicht auch ihrer Wahrhaftigkeit zu. Aber sie sind nicht bereit, dem Heiland zu ihrem persönlichen Heil zu vertrauen. Kenntnis und Zustimmung, ohne die Bereitschaft zu vertrauen, können allein nicht retten.

Das Neue Testament spricht stets vom Heil durch den Glauben, nicht wegen des Glaubens (Eph 2,8). Der Glaube ist der Kanal, durch den wir Gottes Geschenk der Vergebung und des ewigen Lebens empfangen. Gott hat es so angelegt, dass niemand jemals prahlen kann, nicht einmal über seinen Glauben.

Normalerweise wird das neutestamentliche Wort für *glauben* zusammen mit einer Präposition gebraucht, die im Deutschen variabel mit »an« oder »auf«[7] übersetzt wird (Joh 3,16). Diese Präposition gibt einen Hinweis in Richtung der zuversichtlichen Hoffnung *auf* den Gegenstand des Glaubens oder der Überzeugung *von* dem Gegenstand des Glaubens oder des Vertrauens *auf* ihn. Manchmal folgt dem Wort *glauben* eine andere Präposition mit der festen Bedeutung »auf«; sie legt die Betonung auf den Gegenstand des Glaubens (Röm 9,33; Menge). Manchmal folgt dem Wort auch ein Satz, der den Inhalt des Glaubens erklärt (Röm 10,9.11).

Gebraucht das Neue Testament im Wechsel mit der Vokabel *glauben* auch andere Begriffe? Ja, das tut es. Eines davon lautet *aufnehmen* (Joh 1,12); *anrufen* ist ein weiteres (Röm 10,13). Eines ist *bekennen* (Röm 10,9; Hebr 4,14); ein anderes *bitten* (Joh 4,10). *Kommen* ist ein weiteres (Offb 22,17) und *nehmen* noch ein anderes (Offb 22,17). Wer bittet oder bekennt oder anruft oder aufnimmt oder kommt oder nimmt, der glaubt.

Ganz klar, einer der glaubt, liefert an Gott aus. Was liefert er aus? Seine ewige Bestimmung. Das ist die Sache, nicht die Lebenszeit auf der Erde. Sicher, wenn einer glaubt, dann beugt er sich einem Höhergestellten, nämlich dem Höchsten im ganzen Universum. Er steht so hoch, dass er Sünde beseitigen kann.

Es ist nicht leicht zu glauben, dass jemand, den weder ich noch irgendein lebender Mensch jemals gesehen hat, vor nahezu 2000 Jahren etwas tat, das Sünde wegnehmen und mich einem heiligen Gott annehmbar machen kann. Aber es ist der Glaube, der ewiges Leben bringt.

12

DER URTEILSSPRUCH: NICHT SCHULDIG

»Von allem, wovon ihr durch das Gesetz Moses nicht gerechtfertigt werden konntet, wird durch diesen jeder Glaubende gerechtfertigt.«
Apostelgeschichte 13,39

»Ihn hat Gott dargestellt zu einem Sühneort durch den Glauben an sein Blut zum Erweis seiner Gerechtigkeit wegen des Hingehenlassens der vorher geschehenen Sünden unter der Nachsicht Gottes; zum Erweis seiner Gerechtigkeit in der jetzigen Zeit, dass er gerecht sei und den rechtfertige, der des Glaubens an Jesus ist.«
Römer 3,25-26

Rechtfertigung ist eines jener wichtigen Wörter, die entweder selten oder nur dürftig definiert worden sind. Es bedeutet schlicht »das Urteil sprechen: nicht schuldig«.

Rechtfertigung kann einen Menschen nicht »nicht schuldig« machen - sie bezeugt vielmehr die Tatsache, dass der Betreffende vor Gott nicht schuldig ist. Oder, um das Konzept des Nichtschuldig-Seins positiv auszudrücken: Rechtfertigung bestätigt, dass der Betreffende vor Gott gerecht ist. Und wieder: Sie macht den Betreffenden nicht gerecht, sondern sie bestätigt die Tatsache, dass er vor Gott gerecht ist.

Eine der Vorkehrungen des alttestamentlichen Gesetzes für Israel war diese: »Wenn ein Rechtsstreit zwischen Männern entsteht und sie vor Gericht treten, und man richtet sie, dann soll man den Gerechten gerecht sprechen und den Schuldigen schuldig« (5Mo 25,1). Die Richter machten die betreffende Person nicht gerecht oder schuldig, das konnten sie auch gar nicht. Denn der Betreffende war bereits rechtschaffen oder schuldig, ehe er vor den Richtern erschien. Was sie taten war, den Fall zu untersuchen und das Urteil zu sprechen. Sie veränderten nicht den Charakter der Person, noch seine Taten. Sie sprachen ein Urteil, von dem sie glaubten, dass es wahr und erwiesen war.

Als König Salomo bei der Einweihung seines Tempels vor seinen Untertanen stand, da lautete ein Teil seines Gebetes so:

> »Wenn jemand gegen seinen Nächsten sündigt und der einen Fluch auf ihn legt, um ihn unter einen Fluch zu stellen, und er kommt [und] spricht den Fluch aus vor deinem Altar in diesem Haus, dann höre du es im Himmel

> und handle und richte deine Knechte, indem du den Schuldigen schuldig sprichst, um seinen Weg auf sein Haupt zu bringen, und indem du den Gerechten gerecht sprichst, um ihm nach seiner Gerechtigkeit zu geben!« (1Kö 8,31-32).

Auch hier ist wieder ganz klar, dass der Betreffende rechtschaffen oder schuldig ist, ehe das Urteil gesprochen wird. Das Urteil macht ihn nicht dazu, sondern es bestätigt, dass er es ist.

Der Gerichtssaal ist daher die Bühne für das Konzept der Rechtfertigung. Wenn der Richter die vor ihm stehende Person rechtfertigt, dann bezeugt er, dass diese Person im Sinne der vorliegenden Anklage nicht schuldig ist. Im Gerichtssaal Gottes bezeugt Gott nicht nur, dass der Sünder, der an Jesus geglaubt hat, nicht schuldig ist, sondern dass er vor ihm vollkommen gerecht ist. Rechtfertigung beinhaltet mehr als nur Freispruch. Der Richter sagt nicht nur, dass der vor ihm Stehende straffrei gehen kann; er erklärt auch, dass er - soweit es das Gesetz betrifft - schuldlos und rechtschaffen ist.

Gott als Richter

In der Bibel wird Gott als Richter dargestellt (1Mo 18,25; 2Tim 4,8; Jak 5,9). Wenn es nun bei Gott, dem Richter, keine Ungerechtigkeit gibt und all seine Entscheidungen völlig gerecht sind, wie kann dann so ein Richter einen Sünder gerecht sprechen? Und Sünder sind wir alle. Auf welcher Grundlage könnte er im Falle von Sündern das Urteil fällen: nicht schuldig?

Wenn ein Sünder vor Gottes Augen steht, dann hat Gott im Hinblick auf seinen Fall nur drei Möglichkeiten. Entweder muss er diesen Sünder verurteilen (und das wäre vollkommen gerecht), oder er muss seine eigene Heiligkeit kompromittieren und so eine Art Mittelweg finden, der es erlaubt, ihn anzunehmen. Drittens kann er den Sünder in eine gerechte Person verändern und ihn dann wahrheitsgemäß gerecht sprechen. Solche Rechtschaffenheit wird aber von einer Art sein müssen, die den Normen eines heiligen Gottes entspricht. Auch muss es eine wirkliche Rechtschaffenheit sein, nicht eine fiktive. In diesem Gerichtssaal sind keine Taschenspielertricks zugelassen.

Gott setzt die dritte Option in Kraft. Er verwandelt Sünder in Gerechte. Wie macht er das? Indem er uns zur Gerechtigkeit Gottes in Christus macht (2Kor 5,21), indem er viele gerecht macht (Röm 5,19), indem er uns das Geschenk der Gerechtigkeit gibt (Röm 5,17). Wer empfängt dieses Geschenk der Gerechtigkeit? Der, der Glauben an Jesus hat (Röm 3,26). Was geschieht dann? Gott rechtfertigt ihn - er spricht ihm die Gerechtigkeit in Christus zu. Und bei alledem bleibt Gott vollkommen gerecht (Röm 3,26).

Viele fassen Rechtfertigung falsch auf, so als würden wir rechtschaffen gemacht und nicht für gerecht erklärt. Mit anderen Worten meinen sie, dass unser inwendiger Zustand der Heiligkeit, wenn er ausreichend angewachsen ist, Gott veranlassen wird, zu unserem Vorteil zu handeln. Unsere guten Werke, die uns bis zu dem einen oder anderen Grad gerecht machen, werden danach zu einem gewissen Grad der Rechtfertigung führen. Gemäß diesem Missverständnis kann Rechtfertigung in dem Maß wachsen, wie wir gerechter werden, und die Rechtfertigung kann sich verringern und sogar verlorengehen, wenn wir an Rechtschaffenheit abnehmen. Auch wenn wir einräumen, dass Gott uns zu guten Werken befähigt, hängt die Rechtfertigung am Ende doch von uns ab. Und wann wissen wir, ob wir genug gute Werke getan haben, um ausreichend Rechtfertigung dafür zu verdienen, dass wir den Himmel gewinnen? Wie hingegeben muss ich sein, um gerechtfertigt zu werden? Und wie lange in meinem Christenleben? Rechtfertigung macht keinen gerecht - entweder wir sind es bereits oder wir sind es nicht. Und wenn wir es sind, dann wird das von Gott so bezeugt, und das ist Rechtfertigung.

Man beachte Lukas 7,29: »Und das ganze Volk, das zuhörte, und die Zöllner gaben Gott recht.« Es ist offensichtlich: Das Volk machte Gott nicht gerecht. Es bestätigte nur, dass er war, dass er existierte.

Wie können Sünder gerecht sein?

Wenn uns Rechtfertigung nicht gerecht macht, was dann? Und wenn wir uns auch nicht selbst so gerecht machen können, dass wir einen heiligen Gott zufriedenstellen - welche Hoffnung gibt es, dass irgendjemand jemals gerechtfertigt werden kann? Wird Gott alle Menschen verurteilen müssen? Oder kann er seine Ansprüche weit genug herunterschrauben, um ein paar wenige in den Himmel hineinzulassen? Oder gibt es einen Weg, wie er einen Sünder in einen wahrhaft Rechtschaffenen verwandeln und das wahrhaftig bezeugen kann? Wie schon ausgeführt ist Letzteres die von Gott gewählte Methode.

Und wie macht Gott das? Er verbindet uns mit Jesus Christus, wenn wir glauben. Und weil wir dann in Christus sind, ist seine vollkommene Gerechtigkeit uns zugeschrieben - das heißt, auf unserem Konto verbucht - so dass wir aus Gottes Sicht in Wirklichkeit gerecht sind.

Zugeschrieben ist das Schlüsselwort. Es bedeutet soviel wie »halten für«. Die vielleicht beste Illustration für das Zuschreiben lesen wir im Buch Philemon. Onesimus, der Sklave, der seinem Herrn Philemon in Kolossä entlaufen war, traf Paulus in Rom und nahm Christus auf. Nun forderte Paulus den Onesimus auf, zu seinem Herrn zurückzukehren. Er versicherte Philemon in einem Brief, den er dem ehemaligen Sklaven mitgab: »Wenn er [Onesimus] dir aber irgendein Unrecht getan hat oder dir etwas schuldig ist, so rechne dies mir an« (Phim 18; das zeigt wahrscheinlich an, dass Onesimus Philemon bei seiner Flucht Eigentum oder Geld gestohlen hatte). Mit anderen Worten versicherte Paulus dem Philemon, er werde bezahlen, was nötig sei, damit man Onesimus nicht für irgendetwas verklagen musste, was er noch schuldete. Gleicherweise schreibt Gott dem Schuldkonto des Gläubigen Christi Gerechtigkeit gut, so dass wir aus seiner Sicht vollkommen gerecht sind und er das so auch bezeugen kann.

Der logische, nicht aber chronologische Ablauf geht folgendermaßen vonstatten:

> *Erstens:* Gott entwickelt einen Plan, um die erforderliche Gerechtigkeit in Jesus Christus bereitzustellen. Sie wurde getrennt vom Gesetz (Röm 3,21). Im griechischen Text steht das Wort *Gesetz* ohne den Artikel. Das zeigt, dass sie nicht nur vom mosaischen Gesetz abgetrennt wurde, das diese Gerechtigkeit nicht erwirken konnte (Apg 13,39), sondern auch von allen gesetzmäßigen Komplikationen. Diese Gerechtigkeit manifestierte sich bei der Fleischwerdung Christi, zuvor verkündigt durch das Gesetz und durch die Propheten des Alten Testaments (1Petr 1,10-11).
>
> *Zweitens:* Die Gerechtigkeit kommt durch den Glauben an den nun geoffenbarten Jesus (Röm 3,22).
>
> *Drittens:* Der Preis, den Christus bezahlen musste, damit wir durch den Glauben gerecht werden könnten, war sein eigener Tod (Röm 3,24-25). Seine Kosten waren sicherlich die größten.
>
> *Viertens:* Wir erlangen den Nutzen davon »als Geschenk« (Vers 24), das heißt kostenlos. Das gleiche Wort wird in Johannes 15,25 mit dem Ausdruck »ohne Ursache« übersetzt, will meinen: ohne Begründung in uns selbst. Wir erhalten das Geschenk der Gerechtigkeit frei durch seine Gnade.

»Ohne jeglichen Grund« in uns schließt jede Bedingung auf unserer Seite aus mit der einzigen Ausnahme, dass wir an sein Blut (seinen Tod) glauben. In dieser Passage steht nirgendwo eine Bedingung, uns seiner Herrschaft zu übergeben oder auch nur, dazu bereit zu sein. Wenn jemand an Jesus glaubt, dann empfängt er Christi Gerechtigkeit, und Gott kann diese Tatsache bestätigten. Das ist Rechtfertigung. Auch die Art, wie unser Herr in dieser Passage bezeichnet wird, enthält keinerlei Hinweis auf irgendeine Vorstellung von einem Herrn und Meister. Gott rechtfertigt den, der »Glauben hat an Jesus«. Und da der Name *Jesus* bedeutet »Gott rettet«, ist jeder gerechtfertigt, der glaubt, dass Jesus (der ja Gott ist) rettet.

Das Geschenk der Gerechtigkeit

Eine Begleitpassage, Römer 5,12-21, hämmert treffend ein, dass diese Gerechtigkeit ein Geschenk der Gnade ist. Ein Geschenk ist keine Belohnung. Gnade kennt keine Werke. Wie schwierig ist es, Gnade zu begreifen, doch das Geschenk der Gerechtigkeit kommt durch seine Gnade zu dem, der nichts anderes tut, als an Jesus zu glauben.

Wenn ein Mensch versuchen wollte, sich selbst durch seine eigenen Werke der Gerechtigkeit zu rechtfertigen, dann wird ihm seine Belohnung nicht gemäß dem Standard der Gnade zugeschrieben, sondern gemäß dem Standard der Schuld (Röm 4,4). Er hat, wenn Werke rechtfertigen können, Anspruch auf eine Belohnung, und Gott steht ihm gegenüber in der Pflicht. Unter solchen Umständen ist Rechtfertigung nicht länger ein Gnadengeschenk.

Aber, so fährt Paulus fort, wenn einer nicht Werke tut, sondern an Gott glaubt, der den Gottlosen rechtfertigt, dann wird ihm sein Glaube zur Gerechtigkeit gerechnet oder zugeschrieben (Röm 4,5). Was wird es sein? Sollen wir Werke der Gerechtigkeit tun und erwarten, dass uns Gott dafür bezahlt? Oder sollen wir überhaupt keine Werke dazu tun und wissen, dass Gott das Geschenk der Gerechtigkeit dem geben wird, der an Jesus glaubt?

Gottes Gnade ist einzigartig unter allen Religionen. Ein Autor schreibt:

> »Wir finden sie in keiner Religion, in keinem Kult der Welt, auch nicht bei dem meisten von allem, was sich den Anschein von Christentum gibt. Von der Betonung der Werke durch die Pharisäer bis zu den mystischen Zielen der Meditation betonen alle Religionen die menschliche Leistung. Sie alle beruhen auf der gegenseitigen Übereinkunft: Gott erfüllt ein Teil, wir erfüllen ein Teil ... Aber der Gott der Christen ist der Gott einseitigen Handelns ... Gott handelt durch sich selbst in einer einseitigen Kundgebung der Gnade.«[1]

Wenn Gott gerecht bleiben und einen Sünder, der an Jesus glaubt, gerecht sprechen kann, wie kann da irgendjemand irgendetwas anderes hinzufügen wollen? Wenn ich vom Richter des Universums gerechtfertigt werden kann durch den Glauben an Jesus, ist dann irgendeine andere Bedingung erforderlich? Nein. Nichts. Hat Paulus etwas ausgelassen? War seine Botschaft hier unvollständig, weil er nicht auf die Notwendigkeit von Herrschaft oder Jüngerschaft oder Meisterschaft hinwies? Nein. Diesen Gedanken kann man verwerfen.

Vorgeführte Rechtfertigung

Allerdings wird Rechtfertigung erwiesen durch persönliche Reinheit. Sie kommt nicht wegen irgendeiner Besserung oder wegen eines Versprechens, sich zu ändern. Einmal gerechtfertigt, zeigen wir diese Tatsache vielmehr durch Veränderungen in unserem Leben. »Wer gestorben ist, ist freigesprochen [wörtlich: gerechtfertigt] von der Sünde« (Röm 6,7). Wir sind befreit von der Sünde, so dass sie nicht länger über uns herrscht. Rechtfertigung vor den Augen Gottes zeigt sich durch Veränderungen in unserem Leben hier auf der Erde vor den Augen der Menschen.

Der Blickwinkel des Jakobus

Diesen Gesichtspunkt hatte Jakobus im Sinn, als er schrieb, dass wir durch Werke gerechtfertigt werden (Jak 2,24). Unproduktiver Glaube ist nicht echt; deshalb wird man das, was wir in Christus sind, ermessen an dem, was wir vor den Menschen sind. Menschen können nicht in den himmlischen Gerichtssaal spähen, um den Richter zu beobachten, wie er hinsichtlich eines Sünders, der glaubt, das Urteil fällt: nicht schuldig! Aber Menschen sind Zuschauer im Gerichtssaal des Lebens hier auf der Erde. Wenn sie die Veränderungen in jemandes Leben sehen, dann können sie wissen, dass es ein himmlisches Urteil gegeben hat, das heißt: Rechtfertigung. Wenn sie keine Veränderungen sehen, dann können sie in Frage stellen und zweifeln. Rechtfertigung durch den Glauben ist notwendig beim Gerichtshof des Himmels. Rechtfertigung durch Werke ist das einzige, was die Leute beim Gerichtshof Erde beobachten können.

Jakobus gibt uns ein Beispiel für Glauben ohne Werke im Fall von jemand, der einen Mitgläubigen hungern sieht und nichts tut, um dieser Not abzuhelfen (Jak 2,15-16). Glaube, der nicht bewegt ist, den Bedürfnissen des Hungernden abzuhelfen, ist Glaube ohne Werke.

Zwei Beispiele für rettenden, lebendigen, wirksamen Glauben sehen wir im Leben von Abraham und im Leben von Rahab. In Abrahams Leben sehen wir seinen Glauben und seine Werke des Gehorsams zusammenwirken. Jakobus 2,23 zitiert 1. Mose 15,6, wo deutlich gemacht wird, dass Abraham sein Glaube zur Gerechtigkeit gerechnet oder zugeschrieben wurde - ohne irgendeine hinzugefügte Bedingung. Aber dieser rechtfertigende Glaube wurde dreißig oder mehr Jahre später erwiesen, als Abraham durch die Opferung seines Sohnes Isaak diesen bedingungslosen Glauben an den Tag legte (1Mo 22, angeführt in Jak 2,21). Durch diese Tat bewies er über jeden Zweifel die Echtheit seines

Glaubens (1Mo 15), der ihm zu diesem früheren Zeitpunkt zur Gerechtigkeit gerechnet wurde.

Ähnlich erwies Rahab ihre Rechtfertigung (Jak 2,25) durch ihre Taten, indem sie den israelitischen Spionen half, die Jericho ausspähten (Jos 2,1-21). Rettender Glaube ist wirkender Glaube, und diese Werke rechtfertigen Gläubige im Gerichtssaal Erde.

Gerechtfertigt in den Augen der Menschen. Wie? Durch Glauben, der zusammenwirkt mit guten Werken. Solch rettender Glaube ist vollkommen gemacht, vollendet und vollbracht, da er Erfüllung in guten Werken findet (Jak 2,22).

Gerechtfertigt in den Augen des des heiligen Gottes? Ja. Wie? »Durch den Glauben an sein Blut.« Der gibt mir das Geschenk der Gerechtigkeit (Ich werde nicht damit belohnt!). Das bedeutet: Gott kann gerecht sein und der Rechtfertiger dessen, »der Glauben an Jesus hat«. Und es kommt kostenlos, ohne jeden Grund in mir selbst, durch seine Gnade.

13

HEILSSICHERHEIT - HEILSGEWISSHEIT

»Meine Schafe hören meine Stimme,
und ich kenne sie, und sie folgen mir;
und ich gebe ihnen ewiges Leben,
und sie gehen nicht verloren in Ewigkeit,
und niemand wird sie aus meiner Hand rauben.
Mein Vater, der sie mir gegeben hat,
ist größer als alle, und niemand kann sie
aus der Hand meines Vaters rauben.«
Johannes 10,27-29

»Denn ich bin überzeugt, dass weder Tod
noch Leben, weder Engel noch Gewalten,
weder Gegenwärtiges noch Zukünftiges,
noch Mächte, weder Höhe noch Tiefe,
noch irgendein anderes Geschöpf
uns wird scheiden können von der Liebe Gottes,
die in Christus Jesus ist, unserem Herrn.«
Römer 8,38-39

Sowohl die Verfechter der Herrschaftslehre und die einer Errettung durch Lebensübergabe als auch jene, die keiner solchen Lehre anhängen, glauben für gewöhnlich, dass ein wirklich Erretteter das Heil nicht wieder verlieren kann.

Die Bedeutung der Heilssicherheit

Was bedeutet ewige Heilssicherheit? Ich will das ganz kurz deutlich machen. Ewige Heilssicherheit ist jenes Werk Gottes, das garantiert, dass man das einmal empfangene Geschenk des Heils für immer besitzt und dass es nicht verlorengehen kann. Da diese Sicherheit von Gott verbürgt ist, beruht ihre Wahrhaftigkeit nicht auf jemandes Gefühlen oder Erfahrungen. Manchmal wird die Lehre von der ewigen Heilssicherheit als die Doktrin der Konservierung bezeichnet, das heißt, Gott konserviert sozusagen den Gläubigen in seinem Heil.

Manche gebrauchen den Begriff *Bewahrung* oder endgültige Bewahrung, um die Vorstellung von der Heilssicherheit oder Konservierung auszudrücken. Bewahrung hebt hervor, dass der Gläubige nicht endgültig oder vollständig aus der Gnade fallen kann, sondern bis zum Ende bewahrt wird und ewig errettet ist. Bewahrung richtet sich auf den Gläubigen als den, der durch die Macht Gottes bewahrt bleibt. Sicherheit und Bewahrung richten sich auf Gott als auf den, der unser Heil sicher macht. All das bestätigt, dass Frucht selbstverständlich ist, wenn es im Leben des Gläubigen auch Zeiten des Rückfalls geben kann. Einige, die dieser die Bewahrung betonenden

Doktrin beipflichten, leugnen die Möglichkeit, dass ein Gläubiger fleischlich sein kann.

Obwohl Heilssicherheit, Konservierung und Bewahrung grundsätzlich dieselbe Lehre bezeichnen, ist Heisgewissheit eine andere Sache und unterscheidet sich von Heilssicherheit. Die Gewissheit der Heilssicherheit betrifft die Vergegenwärtigung, dass jemand ewiges Leben hat. Aber Heilssicherheit ist eine reale Tatsache - ob sich jemand dessen nun sicher ist oder nicht.

Gründe für den Glauben an ewige Heilssicherheit

Kehren wir zurück zur Heilssicherheit. Worauf fußt diese Lehre? Ihr Fundament ist die Gnade Gottes, der uns das Geschenk des ewigen Lebens gibt, und diese Gnade ist ewig. Der Empfang dieses Geschenks bringt uns in Verbindung mit allen Personen der Gottheit, die uns garantiert und versichert, dass unser Heil ewig sicher ist. Manchmal können wir nicht sicher wissen, ob ein Mensch wirklich wiedergeboren ist oder nicht; wenn er es aber ist, dann ist das Heil dieses Menschen sicher in alle Ewigkeit.

Erwägen wir einige besondere Gründe für den Glauben an Heilssicherheit.

1. Es war die Absicht Gottes, des Vaters, alle zu verherrlichen, die er vorherbestimmt und berufen hat (Röm 8,30). *Vorherbestimmt, berufen, gerechtfertigt* und *verherrlicht* sind lauter Worte, die in diesem Vers in der gleichen Zeitform stehen. Das weist darauf hin, dass die Verherrlichung aller Gläubigen so sicher ist wie ihre Vorherbestimmung, ihre Berufung und ihre Rechtfertigung. Und man bedenke: Wir sind gerechtfertigt durch den Glauben an Jesus, nicht durch Glauben *und* Lebensübergabe (Röm 3,26).

2. Während die meisten darin übereinstimmen, dass die Kraft Gottes vollkommen mächtig ist, den Gläubigen sicher zu erhal-

ten (Jud 24), wenden manche ein, dass seine Kraft wirkungslos gemacht werden kann, indem jemand von seinem Glauben zurücktritt. Aber der Herr hat gesagt, dass wir in der Hand des Vaters und in der seinen sicher sind, und dass er denjenigen sicher erhalten wird, der das Geschenk des ewigen Lebens empfangen hat (Joh 10,28-29). Niemand (einschließlich unserer selbst) kann uns aus Gottes Hand reißen. Und erinnern wir uns: Ewiges Leben ist ein Geschenk, das wir durch den Glauben empfangen haben, keine Belohnung dafür, dass wir bereit sind, Christus nachzufolgen.

3. Das fortgesetzte Eintreten unseres Herrn für uns erhält uns vollständig und ewig sicher (Hebr 7,25). Wenn wir sündigen, dann haben wir unseren Herrn, der unseren Fall vor Gott vertritt (1Jo 2,1-2). Und weil er eine vollkommene und ewige Sühnung oder Abfindung für unsere Sünden bereitet hat, bleibt uns vergeben. Satan verklagt uns (Offb 12,10), und oft klagen wir uns selbst an; weil Christus uns aber auf der Grundlage seines Todes für unsere Sünden verteidigt, kann nichts das große Heil ungeschehen machen, das wir empfangen haben.

»Wer wird gegen Gottes Auserwählte Anklage erheben?« fragt Paulus (Röm 8,33). Es spielt keine Rolle, wie die Antwort lautet. Es spielt keine Rolle, wer im ganzen Universum in irgendeiner Weise versuchen wird, uns irgendeines Vergehens zu beschuldigen. Es spielt keine Rolle, so lange es nicht Gott selbst ist, der uns verklagt. Und Gott tut es nicht. In Wirklichkeit hat er bereits für alle Fälle, in denen wir in Vergangenheit, Gegenwart oder Zukunft verklagt wurden, sind oder werden, das Urteil gesprochen. Und dieses Urteil lautet: »Nicht schuldig«. Paulus beantwortet seine eigene Frage, wer gegen Gottes Auserwählte Anklage erheben wolle, mit der einfachen Feststellung: »Gott ist es, der rechtfertigt« (Vers 33). Jedesmal wenn wir sündigen, kann eine legitime Anklage gegen uns vorgebracht werden. Aber wann auch immer das geschieht und wer auch immer uns anklagt, muss erkennen, dass der Fall bereits entschieden ist und dass das Urteil verkündet wurde: »Nicht schuldig«.

4. Nichts und niemand (einschließlich unserer selbst) kann uns von der immerwährenden Liebe Gottes trennen (Röm 8,35-39). In dieser Passage führt Paulus eine Reihe denkbarer Kandidaten auf, denen man vielleicht die Macht zutrauen könnte, Gläubige von der Liebe Christi zu trennen. Da lesen wir unter anderem von widrigen Umständen wie Drangsal oder Hungersnot; alle gegenwärtigen oder zukünftigen Lebensumstände einschließlich des Todes und die Mächte von Engelwesen (und Satan ist eines von ihnen). Dann kommt Paulus zu dem Schluss zu sagen, *kein* anderes Geschöpf kann uns von der Liebe Gottes in Christus trennen. Nichts in der ganzen Schöpfung einschließlich aller Geschöpfe (was uns selbst einschließt) kann eine Trennung zwischen uns und der ewigen Liebe Christi bewirken.

5. Wenn unser Heil nicht sicher ist, dann könnte unsere Wiedergeburt sterben oder wir könnten sie durch irgendeine sündhafte Tat zerstören. Aber das Neue Testament deutet an keiner einzigen Stelle auch nur an, dass so etwas geschehen könnte. Wiedergeburt ist das Werk Gottes, das dem, der glaubt, durch eine neue Geburt neues Leben gibt. Weiter: Die Wiedergeburt geschieht augenblicklich - jemand ist entweder tot in Sünde oder lebend in Christus. Es kann ein Prozess stattfinden, der zu der neuen Geburt führt, aber die Geburt selbst ereignet sich an einem gegebenen Zeitpunkt.

Und wie wird jemand wiedergeboren?

- Gott tut es (Joh 1,13),
- gemäß seinem Willen (Jak 1,18),
- durch den Heiligen Geist (Joh 3,5) ...
- ... und die Waschung der Wiedergeburt (Tit 3,5),
- wenn ein Mensch glaubt (Joh 1,12) dem Evangelium, das im Wort Gottes geoffenbart worden ist (1Petr 1,23).

Erinnern wir uns auch, dass Christus aufnehmen - das heißt: an seinen Namen glauben - einen Menschen zu einem Kind Gottes macht. Freilich, die neue Geburt wird eine veränderte

Lebensweise zur Folge haben, aber Kinder Gottes werden wir durch den Glauben.

6. Auch die bleibende Gegenwart und Innewohnung des Heiligen Geistes ist ein Geschenk Gottes (Joh 7,37-39; Apg 11,16-17; Röm 5,5; 1Kor 2,12). Wenn das Heil verlorengehen kann, dann müsste Gott auch sein Geschenk des Geistes zurücknehmen.

7. Bei der Bekehrung wird der Gläubiggewordene durch die Taufe des Heiligen Geistes mit dem Leib Christi verbunden (1Kor 12,13). Wenn das Heil verlorengehen kann, dann würde er von dem Leib abgeschnitten, und der Leib Christi würde zergliedert.

8. Als wir glaubten, versiegelte uns der Heilige Geist bis auf den Tag der Erlösung (Eph 1,13; 4,30). Gäbe es keine Heilssicherheit, dann müsste das Siegel gebrochen werden. Anders müsste die Verheißung lauten, dass wir nicht auf den Tag der Erlösung hin versiegelt seien, sondern bis zu dem Tag, an dem wir Sünde tun (zumindest eine sehr ernste oder traurige Sünde). Und dabei wollen wir nicht vergessen, dass Gott *alle* Gläubigen versiegelt, nicht nur jene, die ihr Leben übergeben haben oder dazu bereit sind (2Kor 1,22).

9. Was scheinbar Teil eines frühchristlichen Liedes aus neutestamentlicher Zeit war, vermittelt uns eine starke Zusicherung der Heilssicherheit des Gläubigen (2Tim 2,11-13). Paulus sagt: »Das Wort ist gewiss.« Vier Verszeilen sind überliefert, zwei positive und zwei negative.

Die erste ist: »Wenn wir mit ihm gestorben sind, dann werden wir auch mit ihm leben« - wahrscheinlich ein Hinweis auf unser Mitgekreuzigtsein mit Christus (wie es in Römer 6,1-10 erläutert wird).

Die zweite ist: »Wenn wir mitleiden, werden wir auch mit ihm herrschen.« Hier wird der Gegensatz zwischen dem notwendigen Mitleiden in diesem Leben und der endgültigen Verherrlichung deutlich, deren sich alle Gläubigen erfreuen werden (Röm 8,17).

Die dritte Verszeile lautet: »Wenn wir ihn verleugnen, wird er auch uns verleugnen.« Sie wiederholt das Wort des Herrn in Matthäus 10,33. Judas tat das.

Die letzte Verszeile sichert uns jedenfalls zu: »Wenn wir untreu sind, so bleibt er treu, denn er kann sich nicht selbst verleugnen.« Das ist keine Warnung vor sicherer Verdammnis, die sich an gefallene Bekenner richtet, sondern: »Christi Beharren auf seinen eigenen Verheißungen versorgt den Gläubigen mit seiner größten Sicherheit. Es ist undenkbar, dass irgendein Ereignis die Treue Gottes beeinflussen könnte, denn er kann sich selbst nicht verleugnen.«[1] - »Er wird auch die Glieder seines eigenen Leibes nicht verleugnen, die keinen Gewinn bringen. Wahre Kinder Gottes können nicht etwas anderes werden als Kinder, wenn auch schwache und ungehorsame. Christi Treue zu den Christen ist nicht abhängig von deren Treue zu ihm.«[2]

Kann »Treulosigkeit« Unglaube in sich schließen? Kann ein wahrer Gläubiger ungläubig und doch errettet sein? Charles J. Ellicott, ein Griechisch-Gelehrter[3] des vergangenen Jahrhunderts, räumte die Möglichkeit ein, hier mit dem Wort »treulos« zu übersetzen. Er definierte den Begriff so:

> »Wenn wir ›Unglaube zur Schau stellen‹, ob hinsichtlich seiner Eigenschaften, seiner Verheißungen oder seines Evangeliums ... gibt es keinen hinreichenden Grund, von der gewöhnlichen Bedeutung des Wortes *apistein* [ungläubig sein] abzuweichen (Mk 16,11.16; Lk 24,11.41; Apg 28,24), das wie auch *apistia* [Unglaube] nirgendwo im Neuen Testament ›Unwahrhaftigkeit‹ oder ›Unehrlichkeit‹ vorauszusetzen scheint, sondern definitiv nur ›Unglaube‹.«[4]

Üblicherweise kann einer, der geglaubt hat, als Gläubiger bezeichnet werden, das heißt als einer, der fortfährt zu glauben. Nach Ellicott jedoch kann ein Gläubiger scheinbar in die Situation geraten, nicht zu glauben, und doch wird Gott ihn nicht verleugnen, da er sich selbst nicht verleugnen kann.

Vor einigen Jahren erschien ein Buch von Robert Shank mit dem Titel *Das Leben im Sohn*[5]. Er argumentierte gegen ewige Heilssicherheit mit dem Hinweis darauf, dass der Begriff »glauben« im Neuen Testament stets in der Gegenwartsform verwendet werde. Deshalb könne und werde ein Gläubiger, der nicht im Glauben bleibt, sein Heil verlieren. Heute benutzen die Verfechter einer Herrschafts-, Jüngerschafts- oder Meisterschaftslehre das gleiche Argument zu dem Schluss, dass jemand, der nicht im Glauben bleibt, niemals wirklich gläubig gewesen sei.[6] Jedenfalls muss gesehen werden, dass an der Stelle des Neuen Testaments, an der der Glaube Abrahams beschrieben wird, keine Gegenwartsform steht, sondern durchgängig der Aorist[7] verwendet wird (Röm 4,3; Gal 3,6; Jak 2,23). Viele Samariter glaubten (Aorist) dem Zeugnis der vielfachen Ehebrecherin und wurden errettet (Joh 4,39.41). Andere glaubten (Aorist; Joh 10,42; 11,45; Apg 14,1; 1Kor 15,11). Und in Erwiderung auf die Frage des Kerkermeisters zu Philippi sagte Paulus: »Glaube« (Aorist; Apg 16,31).

> »*Pisteuson* [glaube] ist eigentlich ein Aorist, denn in dem Augenblick, in dem einer glaubt, ist die Errettung sein. ›Glauben‹ bedeutet immer, alle Hoffnung und alles Vertrauen in den Herrn Jesus zu setzen oder, um es anders zu sagen, von ganzem Herzen zu vertrauen und die ganze Persönlichkeit in Jesu Arme zu werfen zur Befreiung von Sünde, Tod und Hölle. Hier wird *epi* [›auf‹ oder ›auf hinauf‹] verwendet; dieses Vertrauen soll auf Jesus ruhen ... Ihm zu vertrauen bedeutet, ihn uns das Heil geben lassen ... Zu glauben heißt, das göttliche Geschenk des Heils anzunehmen und sofort zu erlangen.«[8]

Die Bedeutung der Heilsgewissheit

Heilsgewissheit ist eine andere Sache. Heilsgewissheit ist die sichere Erkenntnis, dass jemand ewiges Leben hat. Heilssicherheit ist eine biblische Wahrheit ungeachtet dessen, ob jemand Heilsgewissheit hat oder nicht. Und auch, wenn jemand nicht an Heilssicherheit glaubt, kann er Heilsgewissheit haben (dass er - zumindest zu diesem Zeitpunkt - zur Familie Gottes gehört). Aber wenn jemand nicht an die Heilssicherheit glaubt, dann wird ihm zweifellos mehr als einmal in seinem Leben die Heilsgewissheit mangeln.

Einige Gründe für mangelnde Heilsgewissheit

Es gibt verschiedene Gründe, warum Menschen die Heilsgewissheit fehlen kann.

1. Weil sie keinen bestimmten Zeitpunkt angeben können, an dem sie Christus aufgenommen haben, zweifeln manche an der Tatsache ihrer Errettung. Obgleich die Bekehrung an einem bestimmten Zeitpunkt stattfindet, könnte jemand nicht genau wissen, wann dieser Zeitpunkt sich in seinem Leben ereignet hat. Niemand wächst in die Bekehrung hinein, aber wir wachsen in unserem Verständnis der Bekehrung.

2. Manchen mangelt Heilsgewissheit, weil sie die Korrektheit des Vorgangs in Frage stellen, in dessen Verlauf sie erstmals ihren Glauben zum Ausdruck brachten. »Hätte ich weitergehen sollen?« - »Habe ich das richtige Gebet gesprochen?« - »Ich tat es im Geheimen. Ist das in Ordnung?«

3. Manche verloren ihre Heilsgewissheit, als sich in ihrem Leben gewisse Sünden ereigneten. Sie meinen, dass sie sicherlich nicht richtig bekehrt gewesen seien, weil sie sonst wohl nicht solche Sünden begangen hätten. Heilssicherheit ist niemals ein Freibrief für Sünde, aber Sünde bringt uns auch nicht zum Verlust unseres Heils. Die gewöhnliche christliche Lebenserfahrung beinhaltet niemals Sündlosigkeit, denn »wir alle straucheln oft« (Jak 3,2). Diese Tatsache kann Sünde niemals entschuldigen, aber Sünde kann auch nicht bewirken, dass wir unser Heil verwirkt hätten.

Wie kann man sich seiner Errettung sicher sein?

Wie erlange ich Heilsgewissheit? In der Bibel finden wir zwei Grundlagen für die Heilsgewissheit. Die objektive Grundlage besteht darin, dass Gottes Wort erklärt: Durch Glauben bin ich errettet. Deshalb glaube ich ihm und seinem Wort und bin sicher: Was er sagt ist wahr (Joh 5,24; 1Jo 5,1.13).

Die subjektive Grundlage steht in Beziehung zu meinen Erfahrungen. Mit der Errettung gehen gewisse Veränderungen einher, und wenn ich einige dieser Veränderungen sehe, dann kann ich sicher sein, das neue Leben empfangen zu haben. Einige dieser Veränderungen betreffen das Halten seiner Gebote (1Jo 2,3), die Liebe zu anderen Gläubigen (1Jo 2,9-11; 3,14) und das Tun der rechten Dinge (1Jo 2,29; 3,9). Es muss sicher nicht ausdrücklich gesagt werden, dass ich niemals all seine Gebote halten werde, noch werde ich alle anderen Gläubigen lieben, noch werde ich immer die rechten Dinge tun. Aber die Tatsache, dass diese Erfahrungen in meinem Leben eine Rolle spielen, wohingegen sie mir zuvor unbekannt waren, gibt mir die Sicherheit, dass das neue Leben in mir vorhanden ist (2Kor 5,17).

Wenn ich geglaubt habe, bin ich auf ewig sicher und kann mir dessen gewiss sein, wenn ich Gott bei seinem Wort nehme und Mut fasse aus den Veränderungen, die er in meinem Leben bewirkt.

Welch eine Gnade ist das, die uns nicht nur allein durch den Glauben Vergebung und ewiges Leben geben kann, sondern auch garantiert, dass der Geber sein Geschenk niemals zurücknehmen wird! Ebensowenig können wir es jemals zurückgeben, selbst wenn wir es ernstlich versuchen wollten! Als Bruder in Christo darfst du versichert sein, dass es wahr ist, denn so sagt es Gott in seinem unverbrüchlichen Wort.

14

ER FÜHRT VIELE SÖHNE ZUR HERRLICHKEIT

»Dem aber, der euch ohne Straucheln zu bewahren und vor seine Herrlichkeit tadellos mit Frohlocken hinzustellen vermag, dem alleinigen Gott, unserem Heiland durch Jesus Christus, unseren Herrn, sei Herrlichkeit, Majestät, Gewalt und Macht vor aller Zeit und jetzt und in alle Ewigkeit! Amen.«

Judas 24-25

Ich zahlte einmal Geld ein bei einer Bank, die ein Angebot machte, das sie »Der große Plan« nannte. Wenn man seinen Kontostand nicht unter einen bestimmten Betrag sinken ließ, konnte man sich für diesen großen Plan qualifizieren, der eine Reihe kostenloser Vorteile für die Kontoinhaber beinhaltete. Denen hatte man als sachlichen Hinweis ein Logo für den großen Plan auf die Scheckvordrucke aufgedruckt, so dass jeder Kassierer sofort sah, dass man zu dieser besonderen Kundengruppe gehörte. Für die, die sich qualifizieren konnten, war es ein gutes Geschäft.

Gottes grosser Plan

Gott hat den endgültigen großen Plan. Sich dafür zu qualifizieren erfordert nur, dass man an Christus als seinen Heiland glaubt. Dann werden die damit verbundenen Vergünstigungen unmittelbar und für immer verfügbar. Sein großer Plan lief in der Ewigkeit vor Beginn der Zeit an und setzt sich bis in die zukünftige Ewigkeit hinein fort. Sein Ziel ist es, viele Söhne zur Herrlichkeit zu bringen oder zu führen (Hebr 2,10).

Das bereitgestellte Opferlamm

Die Wurzeln von Gottes Erlösungsplan reichen zurück bis vor Grundlegung der Welt (1Petr 1,19-20). Für das Lamm war gesorgt, noch ehe der Mensch geschaffen war. Ganz gewiss war das Lamm bereits ersehen, ehe der Mensch im Garten Eden sündigte. Gott brauchte nicht auf der Suche nach einem Plan umherzuhasten, mit dem er der Rebellion Adams und Evas gegen ihn begegnen könnte. Das Lamm ohne Flecken oder Fehler war in den Zielen und im großen Plan Gottes bereits ersehen.

In der Fülle der Zeit sandte Gott dieses Lamm (Gal 4,4; Tit 2,11). Es lebte ein sündloses Leben und wurde so zu dem fleckenlosen und vollkommen annehmbaren Opfer für die Sünde. Es starb, und durch diesen Tod bezahlte es für die Sünden der ganzen Welt; doch die Aneignung dieser Bezahlung kommt durch den Glauben. Gott versöhnte die Welt mit sich selbst, doch um das für mich persönlich in Anspruch zu nehmen, muss ich mit Gott versöhnt werden durch den Glauben (2Kor 5,19-20).

Das Auserwählte Volk

Gott hat vor Grundlegung der Welt auch ein Volk auserwählt, das aus den »vielen Söhnen« besteht, die er schließlich zur Herrlichkeit führen wird (Eph 1,1-14). Erwählung ist keine einfache, aber eine biblische Lehre. Der Apostel Paulus näherte sich diesem Thema stets mit Verwunderung und Erstaunen darüber, dass Gott irgendjemand erwählen konnte und es auch tat. Hätte Gott das nicht gekonnt und es daher auch nicht getan, dann würde niemand errettet werden, denn alle haben gesündigt und keiner sucht Gott (Röm 5,12; 3,11). Wenn der allmächtige Gott nicht in seiner Souveränität hätte zurücktreten können, um sich ein Volk zu erwählen und es zur Herrlichkeit zu führen, dann hätte niemand jemals auf Errettung hoffen dürfen. »So liegt es nun nicht an dem Wollenden, noch an dem Laufenden, sondern an dem begnadigenden Gott.« (Röm 9,16).

Der Zeitpunkt, an dem Gott erwählte, wird ausdrücklich angegeben: vor Grundlegung der Welt (Eph 1,4). Die Grundlage der Erwählung ist Gottes eigenes Wohlgefallen, nicht Werke des Menschen sind es (Verse 5, 11). Seine Ziele, sein Wohlgefallen und sein Wille sind an dieser Erwählung beteiligt. Gottes Ziel ist es, sich selbst zu verherrlichen (Vers 12). In dieser Tatsache liegt (auch wenn wir es nicht völlig begreifen können) die Auflösung aller Probleme und Fragen, die Gottes Erwählungszweck betreffen. Er, der niemals uneins, sondern stets in völligem Einklang ist, verherrlicht sich selbst. Das bedeutet: Der Gott, der Liebe ist, und der Gott, der Licht ist, und der Gott, der heilig ist, und der Gott, der gerecht ist, und der Gott, der gnädig ist, ist auch der Gott, der erwählt, und ebenfalls der Gott, der durch diese Erwählung verherrlicht wird. Erwählung, für den menschlichen Geist unergründlich, braucht für das Menschenherz nicht unbehaglich zu sein, denn es ist unser gnädiger, liebender Gott, der es tat.

Das adoptierte Volk

Ein Teil des großen Planes Gottes schließt ein, zur Adoption als Söhne vorherbestimmt zu sein (Eph 1,5). Wenn Gott adoptiert, dann nimmt er den Gläubigen als vollwertiges, mit allen familiären Privilegien ausgestattetes Mitglied in seine Familie auf. Adoption (eine paulinische Lehre) macht uns zu Mitgliedern der Familie Gottes; die neue Geburt (eine johannäische Lehre) lässt uns als Säuglinge in Gottes Familie hineingeboren werden. Adoption beinhaltet völliges Bleiben und alle Vorrechte in der Familie. In die Familie hineingeboren zu sein, beinhaltet die Notwendigkeit von Wachstum, Entwicklung und Reife. Adoption und Geburt ereignen sich beide gleichzeitig in dem Augenblick, in dem jemand den Heiland aufnimmt.

Adoption trennt alle Beziehungen und Verantwortlichkeiten der früheren Familie ab. Gleichzeitig hat Gott, das Haupt der neuen Familie, versprochen, sich niemals von jenen zu trennen, die er adoptiert. Deshalb stellt die Adoption sicher, dass alle adoptierten Söhne zur Herrlichkeit gebracht werden.

In vielen frühen Kulturen wurde etwas praktiziert, das der Adoption ähnlich ist. In Ägypten wurde Mose, ein Sklave, von der Tochter Pharaos adoptiert. Antike Schrifttafeln berichten von einem Brauch, bei dem kinderlose Eheleute einen Sohn annehmen konnten, der ihr Erbe sein sollte. In den hebräischen Gesetzen gab es keine Vorschrift über Adoption - vermutlich deshalb, weil eine andere Vorschrift dafür sorgte, dass ein Mann, der starb, durch einen geeigneten Bruder mit Erben versorgt wurde: Der Bruder musste seine verwitwete Schwägerin heiraten und Kinder haben, die den Familiennamen und den Familienbesitz erbten.

Im römischen und griechischen Leben war Adoption etwas alltägliches. Kinderlose Ehepaare adoptierten oftmals einen Sohn, der dann ihr Erbe wurde. Auch, wenn der Adoptierte lebende leibliche Eltern hatte, waren deren Ansprüche an ihn erloschen, wenn die Adoption vollzogen war. Eltern waren oftmals bereit, ihre Söhne von einer anderen Familie adoptieren zu lassen; besonders dann, wenn das für ihren Sohn ein besseres Leben bedeutete.

Paulus sagt, Gott habe die Adoption in seine Familie für all jene vorherbestimmt, die er erwählt hat (Eph 1,5). Gottes großer Plan beinhaltet also unsere Vorherbestimmung, als vollkommen mit allen Vorrechten ausgestattete Söhne in die Familie Gottes aufgenommen zu werden. Das wird möglich durch den Tod Christi (Gal 4,5), und wir werden wirklich vollwertige Söhne »durch Glauben an Christus Jesus« (Gal 3,26). In diesen Passagen ist eine persönliche, das Ich unterwerfende Herrschaft kein Thema, keine Bedingung. Die Adoption geschieht durch Glauben an Christus Jesus. Wir empfangen die Adoption, sie wird nicht von uns verdient. Und wir sind ihrer sicher aufgrund der Gegenwart des Heiligen Geistes in unserem Leben (Gal 4,5-6).

Diejenigen, die vor Grundlegung der Welt erwählt wurden, sind dieselben, die durch den Glauben die Adoption empfangen und auch dieselben, denen Gott das Urteil »nicht schuldig« spricht: dieselbe Gruppe von Söhnen, die zur Herrlichkeit gelangen werden. Tatsächlich ist Paulus so kühn zu schreiben, dass diese bereits verherrlicht sind (Röm 8,30). So ist sicher, dass nicht einer von denen, die Gott vorherbestimmt und die er verherrlicht hat, aus dieser Gruppe herausfallen wird. Die Heiligen gehen einer garantierten Herrlichkeit entgegen. Was ist das für eine Gnade, die Gottes großen Plan vollenden wird!

Heiligung

Wie steht es nun aber mit der Heiligung? Paulus spricht in seiner Aufstellung in Römer 8,29-30 überhaupt nicht davon. Nur Vorherbestimmung, Berufung, Rechtfertigung und Verherrlichung. Warum ist hier die Heiligung nicht mit eingeschlossen? Könnte es sein, dass Paulus unsere Garantie der endgültigen Verherrlichung nicht auf unserer persönlichen Heiligung aufbauen wollte? Sicher ruht sie nicht darauf, denn die vielen Söhne, die verherrlicht sein werden, haben im Verlauf ihres Lebens ganz unterschiedliche Grade persönlicher Heiligkeit an den Tag gelegt. Doch alle, vom Fleischlichsten bis zum Gereiftesten, werden verherrlicht werden.

Ein Teil der bestehenden Verwirrung mag daher rühren, dass die verschiedenen Facetten der Heiligung nicht richtig voneinander unterschieden werden. Das Wort *heiligen* bedeutet im wesentlichen »absondern«. Es hat die gleiche Wurzel wie die Worte *heilig* und *Heiliger*. Jeder Gläubige ist geheiligt, denn sie alle sind für Gott abgesondert und in seine Familie hinein adoptiert worden. Darum sind alle Gläubigen Heilige. Paulus getraute sich, sogar von den fleischlichen Christen in Korinth zu sagen, sie seien abgewaschen, sie seien geheiligt und sie seien gerechtfertigt (1Kor 6,11). Die gleiche Zeitform (die auf eine vollendete Tatsache hinweist und nicht auf etwas, was erst noch erreicht werden soll) wird hier für alle drei Zeitwörter eingesetzt. Dieser Aspekt der Heiligung sondert alle Gläubigen zu ihrem neuen Stand als Eigentum Gottes ab. Paulus sprach diese Korinther bereits als solche an, die geheiligt worden waren (1Kor 1,2; man beachte hier auch, dass er die gleichen Zeitwörter und Zeiten verwendet, wie sie in Apg 20,32 und 26,18 stehen). Standesmäßige Heiligung ist eine tatsächliche Stellung, die nicht vom Grad der persönlichen geistlichen Reife und des persönlichen geistlichen Wachstums abhängt. Das einmalige Angebot unseres Herrn Jesus hat uns geheiligt und vollendet uns in Ewigkeit - ohne Ende (Hebr 10,10.14).

Aber ganz offensichtlich stellen nicht alle Gläubigen diesen Stand in ihrem täglichen Leben unter Beweis. Deshalb hat Heiligung einen zweiten Aspekt, der in Beziehung steht zur fortwährend sich steigernden Absonderung im ganzen Leben eines Christen. Jede biblische Ermahnung zu einer frommen Lebensweise unterstreicht diese Facette der Heiligung (1Petr 1,16).

Aber es gibt noch einen dritten Aspekt, der die zu erwartende Verherrlichung des Gläubigen in seinem Auferstehungsleib betrifft und das Ablegen der sündigen Natur (1Jo 3,1-3; Jud 24). Wenn wir schließlich zu Gott in den Himmel hin abgesondert sein werden, dann werden auch unser Stand und unsere Lebensweise in vollkommenem Einklang sein.

Sowohl Dispensationalisten als auch reformierte Autoren erkennen diese drei Aspekte der Heiligung an.

Um diese drei Aspekte der Heiligung zusammenzufassen, könnte man so sagen: (Standesmäßig) geheiligte Menschen haben es nötig geheiligt zu werden (in der Praxis), und sie werden (am Ende) geheiligt sein.

Rechtfertigung und Heiligung

Welche Beziehung besteht zwischen Rechtfertigung und Heiligung? Reformierte wie auch Dispensationalisten glauben, dass standesmäßige Heiligung und Rechtfertigung zum Zeitpunkt der Errettung gleichzeitig geschehen. Der reformierte Theologe John Murray stellt deutlich heraus, dass »die Tugend, die aus dem Tod und der Auferstehung Christi erwächst, keine Phase des Heilsgeschehens direkter beeinflusst als die der praktischen

Heiligung.«[1] Er unterscheidet ebenso deutlich die standesmäßige (oder endgültige) von der fortschreitenden Heiligung. »Es könnte so scheinen, als ließe die Hervorhebung der endgültigen Heiligung keinen Raum für die fortschreitende, alltägliche. Jede derartige Schlussfolgerung würde einem gleichermaßen wichtigen Aspekt biblischer Lehre widersprechen.«[2]

Das gezüchtigte Volk

Im Rahmen seines großen Plans, viele Söhne zur Herrlichkeit zu bringen, wird der Vater seine Kinder züchtigen (Hebr 12,5-11). Der Schreiber des Hebräerbriefes nennt vier Gründe, warum Gott das tut:

1. Züchtigung ist ein Teil des ganzen Erziehungsprozesses, durch den ein Gläubiger in die Lage versetzt wird, an Gottes Heiligkeit teilzuhaben (Vers 10).
2. Es ist ein Beweis für die wirkliche Liebesbeziehung zwischen unserem himmlischen Vater und uns (Verse 6, 8).
3. Es hilft uns, Gehorsam zu üben (Vers 9).
4. Es bringt die Frucht der Gerechtigkeit in unserem Leben hervor (Vers 11).

Mittel der fortschreitenden Heiligung

Wer und was sind die Vermittler, die mit der fortschreitenden Heiligung verknüpft sind? Einer ist unser Vater (Joh 17,17; 15,2); ein anderer unser Herr (Joh 17,15; Eph 5,26-27) und ein anderer der Heilige Geist (2Kor 3,18). Die Bemühungen des Gläubigen sind keine bloße Wahlmöglichkeit. Gottes Wirken bei der Heiligung darf niemals zu einer Selbstberuhigung führen die versäumt, die Aktivität des Gläubigen mit einzubeziehen (Röm 6,19; 2Kor 7,1; Gal 5,16). In der Tat setzt jedes an den Gläubigen gerichtete Gebot dessen Einbindung als Teil des Gesamtprozesses voraus. Einige Verse verbinden die Rolle des Gläubigen und die Rolle Gottes beim Prozess der Heiligung miteinander (Röm 8,13; Phil 2,13; Kol 1,29).

Zusätzlich können gewisse Mittel oder Dinge von Gott und von dem Gläubigen benutzt werden, um sein Wachstum in der Heiligkeit zu fördern. Dabei steht ganz sicher das Wort Gottes hinsichtlich der Wichtigkeit an erster Stelle (Joh 17,17). Gewiss wird Gebet den Prozess unterstützen, wenn ernstlich im Namen Christi gebetet wird. Das bedeutet, einfach so zu beten, dass der Herr diese Gebete billigen kann, beziehungsweise gemäß seinem Willen zu beten. Damit ist gemeint, dass wir all unsere Gebete durch das unterstreichen, wozu uns Jesu eigenes »Modellgebet« anweist: »Dein Wille geschehe, wie im Himmel so auch auf Erden« (Mt 6,10).

Gemeinschaft und Anbetung können unser geistliches Wachstum gleichermaßen fördern. Wir sollen uns gegenseitig zur Liebe und zu guten Werken anreizen (Hebr 10,24-25). Alle Aspekte gemeinsamer Anbetung sollen uns erbauen (1Kor 14,26). Insbesondere bietet das Mahl des Herrn gute Gelegenheit zum Bekennen und Reinigen (1Kor 11,27-32). Die Taufe soll sowohl die erinnern, die bereits getauft sind, wie auch die, die die Vereinigung der Täuflinge mit Christus in Neuheit des Lebens beobachten (Röm 6,1-10).

In der Tat kann man auf jeden Lebensumstand so reagieren, dass der Prozess der Heiligung gefördert, oder so, dass er behindert wird. Gott kann für die, die ihn lieben, alle Dinge zum Guten zusammenwirken lassen (Röm 8,28), und wir können in allem danksagen, wissend, dass dies Gottes Wille für uns ist (1Thes 5,18). Wir sollten wohl jeden Tag darum beten, dass unsere Reaktionen auf die Tagesereignisse so sind, dass sie uns unserem Herrn näherbringen und uns nicht von ihm wegziehen.

Gottes großer Plan begann mit der Bereitstellung eines Heilands. Er beinhaltete die Erwählung eines Volkes. Er gab uns den Heiland an einem bestimmten Punkt der Zeit und unserer Geschichte. Er führte uns dahin, an einem Punkt unserer Lebensgeschichte das Geschenk des ewigen Lebens zu empfangen. Er gab uns die Stellung als adoptierte Söhne in der Familie Gottes. Er heiligte uns für immer. Er züchtigt uns und führt uns auf Pfaden der Gerechtigkeit durch unser irdisches Leben. Und eines Tages wird er vollendet sein, indem er uns dem Bild Christi anpasst. Dazu sind wir vorherbestimmt worden, und genau dieselben, die so vorherbestimmt gewesen waren, werden zur Herrlichkeit gebracht worden sein (Röm 8,29-30; Hebr 2,10). Völlig und vollkommen dem Bild Christi angepasst zu sein, daran werden wir uns eines Tages erfreuen. Inzwischen ist es unsere Aufgabe, so zu sein, wenn auch nicht völlig und vollkommen.

Frei? Ja.

Billig? Niemals.

Es ist samt und sonders Gnade.

»Aber der Gott aller Gnade, der uns berufen hat zu seiner ewigen Herrlichkeit in Christus, nachdem wir eine kleine Weile gelitten haben, wird uns selbst vervollkommnen, bestätigen, stärken und aufbauen. Ihm sei die Herrlichkeit und die Macht in alle Ewigkeit« (1Petr 5,10-11).

O Liebe, die unsere Rettung plante!
O Gnade, die sie herabbrachte zu uns!
O mächtige Kluft, die Gott überspannte
auf Golgatha.

O Barmherzigkeit groß und o Gnade frei,
Vergebung - vervielfältigt wurde sie mir
Da wurd' die belastete Seele mir frei -
auf Golgatha.

William R. Newell

HEILSNOTWENDIGE HERRSCHAFT CHRISTI?

Ein Exkurs zur derzeitigen Kontroverse[1]

Von Peter Schäfer von Reetnitz

Seit geraumer Zeit bewegt die evangelikalen Christen in den USA eine Auseinandersetzung um wesentliche Fragen der christlichen Lehre, die zunehmend an Heftigkeit gewinnt. Es geht darum, ob - und wenn ja, welche - Bedingungen heilsnotwendig erfüllt sein müssen, um der Wiedergeburt aus Gott und damit des ewigen Lebens teilhaftig werden zu können. Diese Frage und der sich daran entzündende Lehrstreit ist eines der unterschwellig mitbehandelten Themen des vorliegenden Buches. Aus diesem Grund und weil die zugrundliegende Kontroverse in Deutschland bisher weithin kaum diskutiert wurde, stellt dieser Exkurs die wesentlichen Streitpunkte der beiden widerstreitenden Positionen - soweit es möglich ist, durch Zitate aus veröffentlichten Schriften - gegenüber. Damit soll keine Wertung der einen oder anderen Sichtweise verbunden sein. Vielmehr soll dem Leser des vorliegenden Buches ein Mittel an die Hand gegeben werden, das das Verständnis einiger Ausführungen des Autors erleichtert, die zu dem Lehrstreit in Beziehung stehen.

Die beiden Lager scharen sich um auch bei den deutschen Lesern wohlbekannte christliche Autoren, die ungeachtet ihrer Streitposition hüben wie drüben durch ihre Schriften auch in Deutschland großen Segen vermittelt haben. Deshalb beteiligt sich dieser Exkurs nicht an der eigentlichen Diskussion, um eine Wertung zu vermeiden. Die soll dem Leser vorbehalten bleiben, der nach Kenntnisnahme und sorgfältiger geistlicher Prüfung der Positionen seine Wertung für sich treffen mag, wie wir es von der Bibel in 1. Thessalonicher 5,21 gelehrt wurden: »Prüft aber alles, das Gute haltet fest.«

Errettet durch die Herrschaft Christi im Leben des Gläubigen

Die Verfechter dieser Seite sind evangelikale Autoren wie A.W. Tozer und reformierte Theologen wie J. I. Packer oder R.C. Sproul. Ihr Wortführer ist John MacArthur. In zahlreichen Aufsätzen und Predigten vertritt er die Ansicht, dass niemand wirklich errettet sein kann, ohne dass er sein Leben völlig der Herrschaft Christi unterstellt hat. Er schreibt mit Hinweis auf Joh 3,36:

> »Der Ruf nach Golgatha muss als das verstanden werden, was er ist: Ein Ruf zur Nachfolge unter der Herrschaft Jesu Christi. Diesem Ruf zu folgen heißt, gläubig zu werden. Alles geringere ist schlicht Unglaube.«[2]
>
> »Alles zu verlssen um Christi willen ist kein freiwilliger Schritt der Nachfolge nach der Bekehrung, sondern das *sine qua non* des rettenden Glaubens.«[3]
>
> »Man gibt alles auf, was man selbst ist und empfängt alles, was er ist ... Eine Person wird errettet, wenn sie bereit ist, alles, was sie hat, aufzugeben, zur Bestätigung, dass Christus der Herr in ihrem Leben ist.«[4]

Kontrovers diskutiert wird in dieser Auseinandersetzung auch der Wert von Christi Blut. MacArthur vertritt diesbezüglich die Ansicht, das Blut Jesu sei in sich selbst ohne eigentlichen Wert. Es sei einfach ein Symbol für den Tod Christi. In einer Predigt sagte er (Anm. des Verlegers: Inzwischen liegt dem Verlag ein

Dokument vor, in dem Mac Arthur seine Ansichten etwas gemildert vertritt):

> »Das einzig wichtige an Jesu Blut ist, dass es seinen Tod beweist. In dem Blut selbst ist keine Rettung. Wir können nicht sagen, Jesu Blut, sein physisches Blut, sei die Sühnung für die Sünde. Die Sühnung für die Sünde ist sein Tod ... Durch seinen Tod sind wir erlöst. Das Blutvergießen ist nur ein Bild dieses Todes.«[5]

In einer weiteren Predigt trifft MacArthur folgende Feststellung:

> »Es gibt nichts in dem tatsächlichen Blut, dass in Bezug auf die Sünde irgendeine Wirkung haben könnte. Die Bibel lehrt nicht, dass Christi Blut in sich selbst wirksam sei, Sünde hinwegzutun!«[6]

Betreffs der ewigen Sohnschaft Christi vom Vater im Himmel vertritt MacArthur die Sichtweise, dass zwar Christi Göttlichkeit ewig sei, dass er aber nicht Sohn gewesen sei, ehe er ins Fleisch kam. In seinem Kommentar zum Hebräerbrief schreibt er:

> »Sohn ist ein Verkörperungstitel Christi. Zwar wurde seine Sohnschaft im Alten Testament vorausgesagt (Spr 30,4), er war aber nicht Sohn, ehe er in die Zeit hineingeboren wurde. Vor der Zeit und vor seiner Fleischwerdung war er ewiger Gott bei Gott. Der Begriff Sohn hat nur mit Christus in seiner Menschwerdung zu tun. Es ist nur eine Analogie zu sagen, Gott sei Vater und Jesus sei Sohn - Gottes Art uns zu helfen, dass wir die grundlegende Beziehung zwischen der ersten und der zweiten Person der Trinität verstehen.«[7]

MacArthur und die Mitstreiter seines Lagers gehen davon aus, dass der Errettung die geistliche Wiederherstellung des sich Bekehrenden vorausgehen muss. Deshalb leugnen sie das gleichzeitige Vorhandensein der alten und der neuen Natur in dem Gläubigen. MacArthur schreibt dazu:

> »Geistliche Sicht ist ein Geschenk Gottes, das jemanden erst bereit macht und in die Lage versetzt, zu glauben.«[8]

Deshalb kann es seiner Ansicht nach so etwas wie einen »fleischlichen Christen«, den er rundweg zu einem »Mythos«[9] erklärt, überhaupt nicht geben:

> »Zeitgenössische Theologen haben eine ganze Kategorie für diesen Personentyp neu erfunden - den fleischlichen Christen.«[10]

Der reformierten Theologie folgend besteht MacArthur darauf, dass die alte Natur des Gläubigen im Augenblick seiner Wiedergeburt abgelegt wird. Er glaubt aber nicht, wie die Arminianer, an sündlose Vollkommenheit des Gläubigen. Ein Gläubiger sündigt seiner Ansicht nach immer noch, aber seine Sünden erklären sich aus dem Vorhandensein von Spuren des alten Lebens, aus alten Verhaltensweisen, die gelegentlich in unserem Leben wieder aufbrechen. Er schreibt:

> »Es ist ein ernstes Missverständnis für einen Christen, von sich selbst zu denken, er habe sowohl eine alte wie auch eine neue Natur in sich. Wir haben keine zweifache Persönlichkeit! Die Annahme einer zweifachen Natur des Gläubigen könnte leicht dazu führen, dass man alle Arten von Sünden entschuldigt, indem man sie der alten Natur zuschreibt.«[11]
>
> »Christen sündigen aufgrund von Spuren sündigen Fleisches; nicht aber, weil sie die gleiche alte sündhafte Natur hätten. Gewiss sündigen wir, aber wenn wir sündigen, dann wider unsere Natur; nicht, weil wir zwei Ausrichtungen hätten - eine sündige und eine sündlose ... Die Sünde hat ihre beherrschende Kontrolle über uns verloren.«[12]

MacArthurs grundlegende These lautet: »Jeder Christ ist ein Nachfolger.«[13] Jegliche Unterscheidung zwischen dem Gläubigen und dem Jünger ist seiner Ansicht nach »reinweg künstlich«[13], und der Ruf in die christliche Jüngerschaft fordert ausdrücklich »völlige Hingabe, diese totale Verbindlichkeit, die wissentlich oder absichtlich nichts zurückbehält.«[14]

Die Autorität der örtlichen Gemeinde obliegt nach Ansicht MacArthurs und seiner Mitstreiter nicht der örtlichen Versammlung der Gläubigen, sondern dem Ältestenrat der Gemeinde. MacArthur schreibt:

> »Die biblische Norm der Gemeindeleitung ist eine Vielzahl von Gott eingesetzter Ältester. Außerdem ist sie das einzige im Neuen Testament gegebene Muster für die Leitung der Gemeinde. Nirgendwo in der Heiligen Schrift finden wir eine örtliche Versammlung, die von Mehrheiten bestimmt oder von einem Pastor geleitet worden wäre.«[15]
>
> »Älteste sind von Gott berufen und ernannt, von der Gemeindeleitung bestätigt und mit dem Auftrag versehen, die Gemeinde zu führen ... Nichts in der Heiligen Schrift weist darauf hin, dass jemand auf einem niedrigeren Niveau der Gemeindeleitung in die Entscheidungsfindung darüber mit einbezogen werden soll, was die Gemeindeangelegenheiten oder die Lehre betrifft.«[16]

Errettet allein aus Glauben

Dem beschriebenen Positionsgebäude steht in der Diskussion ein anderes gegenüber, zu dessen Vertretern neben anderen wie Manfred E. Kober oder Zane Hodges auch der Autor des vorliegenden Buches, Charles C. Ryrie, gehört. Während MacArthur die völlige Unterwerfung unter die Herrschaft Christi zur Vorbedingung für das Heil erklärt, verweisen sie auf Epheser 2,8-9:

»Aus Gnade seid ihr errettet durch Glauben, und das nicht aus euch, Gottes Gabe ist es; nicht aus Werken, damit niemand sich rühme.« Zwar ist die Hingabe eine wichtige Antwort auf die Errettung aus Gnade durch Glauben, wie Paulus in Römer 12,1-2 lehrt. Die einzige biblische Vorbedingung für das Heil ist aber der Glaube. Das Heil wird entweder durch den Glauben allein erlangt oder aber durch eine Aufeinanderfolge von Glaube, Hingabe und Unterwerfung. Eine dieser beiden Positionen fällt nach Kobers Ansicht unter das Anathema von Galater 1,8-9: »Wenn aber auch wir oder ein Engel aus dem Himmel euch etwas als Evangelium entgegen dem verkündigten, was wir euch als Evangelium verkündigt haben: er sei verflucht! Wie wir zuvor gesagt haben, so sage ich auch jetzt wieder: Wenn jemand euch etwas als Evangelium verkündigt entgegen dem, was ihr empfangen habt: er sei verflucht!«[17]

Die Ansicht MacArthurs und seiner Mitstreiter über »das kostbare Blut Christi« (1Petr 1,18-19) hält man auf dieser Seite der Diskussionsfront für häretisch. Lloyd Streeter schreibt dazu:

> »Diese Worte sind Gift für die Seelen der Menschen! ... MacArthurs großer Fehler in der oben zitierten Feststellung besteht darin, dass er das Bluten Christi von seinem Sterben trennt und sagt, nur Christi Tod sei der Preis der Erlösung gewesen.«[18]

Die Bibel betont aber nicht einfach die Tatsache, dass Christus starb, sondern die Art und Weise seines Sterbens - die Kreuzigung, die das Vergießen seines Blutes beinhaltete. Es war nötig, dass Christus starb, es war unabdingbar, dass er durch das Vergießen seines Blutes starb. Deshalb ist es nach Kobers Meinung richtig, in dem vergossenen Blut Christi mehr zu sehen als nur ein Bild für seinen Tod[19], denn: »Ohne Blutvergießen gibt es keine Vergebung« (Hebr 9,22) und: »Die Seele des Fleisches ist im Blut, und ich selbst habe es euch auf den Altar gegeben, Sühnung für eure Seelen zu erwirken. Denn das Blut ist es, das Sühnung tut durch die Seele [in ihm]« (3Mo 17,11). Die Betonung der Schrift vom Blut Christi abzuziehen bedeutet, so Kober, eine gefährliche Entwertung des Sühnopfers Jesu.[20]

Ein Streitpunkt zwischen den beiden Parteien ist auch die Sohnschaft Christi. Die Heilige Schrift lehrt nach Kobers Ansicht klar, dass sie nicht, wie MacArthur meint, einfach auf die Unterwerfung des ins Fleisch gekommenen Christus unter den Willen des Vaters hinweist, sondern dass sie statt dessen in Beziehung zu seiner Göttlichkeit steht[21]: »Darum nun suchten die Juden noch mehr, ihn zu töten, weil er nicht allein den Sabbat aufhob, sondern auch Gott seinen eigenen Vater nannte und sich so selbst Gott gleich machte« (Joh 5,18). Auch die Dämonen erkannten, dass der Titel »Sohn Gottes« eine Bezeichnung für seine Göttlichkeit war. Sie warfen sich vor Christus nieder: »Und wenn die unreinen Geister ihn sahen, fielen sie vor ihm nieder und schrien und sprachen: Du bist der Sohn Gottes« (Mk 3,11).

Ernest Pickering scheint es in der Frage von Vorbedingungen für den rettenden Glauben ebenso wie Zane Hodges[22] »offensichtlich, dass MacArthurs Meinung stark von reformiertem Denken beeinflusst worden ist«[23], soweit es den Gedanken an eine dem rettenden Glauben vorausgehende geistliche Wiederherstellung betrifft. In der Frage, ob es einen fleischlichen Christen geben kann oder nicht, verweist Kober einfach darauf[24], dass der Gedanke der Fleischlichkeit unter Gläubigen paulinischen Ursprungs ist: »Ihr seid noch fleischlich. Denn da Eifersucht und Streit unter euch ist: Seid ihr nicht fleischlich und wandelt nach Menschenweise?« (1Kor 3,3) und: »Ich aber bin fleischlich, unter die Sünde verkauft« (Röm 7,14). Dieser Komplex betrifft auch die zwei Naturen, die im Gläubigen widerstreiten. Kober schreibt:

> »Die Sünden des Gläubigen sind, so scheint es, unglücklicherweise mehr als nur Spuren einer früheren Natur. Das von Paulus gezeichnete Bild vom inneren

Kampf des Gläubigen zwischen dem Fleisch und dem Geist legt eine tägliche Auseinandersetzung zwischen der alten und der neuen Natur nahe (Gal 5,17).«[25]

In der ebenfalls strittigen Frage von Zustand und Stellung des Gläubigen stellen Kober und seine Mitstreiter die Vermutung auf, MacArthur könne möglicherweise der Unterscheid zwischen Heil und Heiligung im Bezug auf Stellung und Zustand des Gläubigen entgangen sein - »die herrliche biblische Wahrheit der Reformation, die den Christen als *simul iustus et peccator* (Gerechtfertigter und Sünder zur gleichen Zeit) darstellt.«[26] Kober führt dazu weiter aus:

»Bekehrte wie die Korinther sind nach ihrer Stellung vor Gott vollkommen. Sie sind Geheiligte in Christus Jesus, berufene Heilige (1Kor 1,2). Und doch war ihr Verhalten von Fleischlichkeit bestimmt. Sie waren stellungsmäßig gerechtfertigt, aber ihnen mangelte fortschreitende Heiligung. Sie hatten Christus als Heiland angenommen, aber sie hatten ihn noch nicht als ihren Herrn, ihren Souverän erkannt. Herrschaft ist unabdingbar für Heiligung. Die Heiligung darf nicht mit dem Heil verwechselt werden, erst recht darf man keine Vorbedingung daraus machen. MacArthurs Beharren darauf, dass ein Neubekehrter (Stellung) vollkommene Hingabe an den Tag legen muss (Gewohnheit), lässt die Tatsache außer Acht, dass viele Gläubige eines gewissen geistlichen Wachstums bedürfen, ehe sie ihr ganzes Ich dem Heiland übergeben. Wir sehen das in der Ermutigung des Paulus an die Heiligen in Rom, ihre Leiber als ein lebendiges Opfer darzubringen (Röm 12,1-2). Im Fall von Abrahams Neffen Lot würde nach der Lektüre des Alten Testaments niemand annehmen, er sei ein Gläubiger gewesen. Nur Petrus setzt uns in Kenntnis darüber, dass Lot gerecht war (2Petr 2,7-8). Lot stand gerechtfertigt vor Gott, obwohl er ein fleischliches Leben lebte. Seine Lebensgewohnheiten passten nicht zu seiner Stellung. Da nach MacArthurs Ansicht niemand errettet sein kann, ohne die Herrschaft Christi über sich anzuerkennen, und auch nicht nach seiner Errettung von einer alten Natur geplagt wird, muss er wohl mehr oder weniger ein geisterfülltes, hingegebenes Leben führen. Trotz Lots unabgesondertem Leben hingegen wird er von MacArthur jedoch als ein Beispiel eines geistlichen Gläubigen erachtet. Ein falsches Verständnis stellungsmäßiger und praktischer Wahrheit führt eben zu einer falschen Interpretation.«[27]

In der ebenfalls strittigen Frage der Gemeindeleitung schließlich verweist Kober auf Matthäus 18, wo das letzte Wort der Rechtsprechung in der örtlichen Gemeinde nicht dem Ältestenrat, sondern der Gemeindeversammlung zugesprochen wird: »Wenn er aber nicht auf sie hören wird, so sage es der Gemeinde; wenn er aber auch auf die Gemeinde nicht hören wird, so sei er dir wie der Heide und der Zöllner« (Mt 18,17). Auch in Angelegenheiten der Gemeindezucht steht das Urteil nicht den Ältesten, sondern der Versammlung zu: »... wenn ihr und mein Geist mit der Kraft unseres Herrn Jesus versammelt seid - einen solchen im Namen unseres Herrn Jesus dem Satan zu überliefern zum Verderben des Fleisches, damit der Geist errettet werde am Tage des Herrn. Euer Rühmen ist nicht gut. Wisst ihr nicht, dass ein wenig Sauerteig den ganzen Teig durchsäuert? Fegt den alten Sauerteig aus, damit ihr ein neuer Teig seid, wie ihr ja bereits ungesäuert seid. Denn auch unser Passah, Christus, ist geschlachtet« (1Kor 5,4-7).[28]

Es bleibt, wie schon ausgeführt, dem Leser überlassen, welchen Schluss er aus der Gegenüberstellung der Argumente beider Seiten treffen und wie er die Positionen in dem Lehrstreit werten will.

ANMERKUNGEN

Kapitel 1:

1 Young Men's Christian Association; eine dem deutschen CVJM verwandte christliche Jungmännerorganisation in den USA.

2 »Young Men« sind die Mitglieder des YMCA.

Kapitel 2:

1 Gordon Clark: *Special Divine Revelation as Rational* (*Besondere göttliche Offenbarung ebenso vernünftig*) in *Revelation and the Bible* (*Bibel und Offenbarung*), hrsg. von C.F.H. Henry (Grand Rapids, Baker 1958), S. 41.

Kapitel 3:

1 John MacArthur: *The Gospel According to Jesus* (*Das Evangelium nach Jesus*; Grand Rapids, Zondervan 1988), S. 179. Deutsch: *Lampen ohne Öl*, CLV, Bielefeld 1997, S. 197. Die weiteren Seitenangaben geziehen sich auf die deutsche Ausgabe.

2 Arndt und Gingrich: *A Greek-English Lexicon of the New Testament* (*Griechisch-Englisches Lexikon des Neuen Testaments*; Chicago, University of Chicago Press 1957), S. 666.

3 Johannes Calvin: *Prefatory Address to King Francis* (*Eröffnungsansprache an König Franz*), in *Institutes of the Christian Religion* (*Einrichtungen der christlichen Religion*), S. 3.

Kapitel 5:

1 John MacArthur, a.a.O., S. 153.

2 Ebd., S. 172.

3 Ebd., S. 74.

4 Ebd., S. 84.

5 Ebd., S. 136.

6 A.d.Ü.: *sine qua non* = lat.: »dem nichts vergleichbar ist«. Der Ausdruck wird in der Wissenschaft gebraucht, um etwas unverzichtbares zu bezeichnen.

7 John MacArthur, a.a.O., S. 131.

8 Ebd., S. 196.

9 Ebd., S. 170.

10 Ebd., S. 179.

11 Ebd., S. 101.

12 Ebd.

13 J. Dwight Pentecost: *The Words and Works of Jesus Christ* (*Worte und Werke Jesu Christi*; Grand Rapids, Zondervan 1981), S. 144.

Kapitel 6:

1 Fritz Rienecker: *A Linguistic Key to the Greek New Testament*, hrsg. von Cleon L. Rogers (Grand Rapids, Zondervan 1976), S. 392. **Deutsch:** Fritz Rienecker: *Sprachlicher Schlüssel zum Griechischen Neuen Testament* [*nach der Ausgabe von D. Eberhard Nestle*] (Gießen/Basel, Brunnen 1970).

2 John MacArthur, a.a.O., S. 125.

3 Ebd., S. 124

4 J.B. Lightfoot: *Notes on the Epistles of St. Paul* (*Anmerkungen zu den Paulusbriefen*; London, Macmillan 1895), S. 185.

5 Herman Bavinck: *Our Reasonable Faith* (*Unser vernünftiger Glaube*; Grand Rapids, Eerdmans 1956), S. 500.

[6] Johannes Calvin: *Corinthians* (*Die Korinther*; Grand Rapids, Eerdmans 1960), S.65. Erstveröffentlichung Genf 1546.

[7] Lightfoot, a.a.O., S. 185-186.

[8] A.T. Robertson: *Epochs in the Life of Simon Peter* (*Lebensabschnitte des Simon Petrus*; New York, Scribner's 1943), S. 286.

[9] G.W. Blenkin: *The First Epistle General of Peter* (*Der erste Brief überhaupt - von Petrus*; Cambridge, University Press 1914), S. 107.

[10] G.J. Polkinghorne: *First Peter, A New Testament Commentary* (*Der erste Petrusbrief, ein neutestamentlicher Kommentar*; Grand Rapids, Zondervan 1969), S. 596.

[11] J.C. Ryle: *Holiness* (*Heiligkeit*; London, Hunt 1899), S. 82.

Kapitel 7:

[1] Marc T. Mueller: *Lordship/Salvation Syllabus* (*Herrschaft/Errettung - Ein Auszug*; Grace Community Church 1985), S. 20.

[2] Gene Jorgenson: *Texas Baptist Division of Evangelism* (*Die Evangelisationsorganisation der Texas-Baptisten*), in *Baptist Standard* 19. März 1986, S. 13.

[3] Everett F. Harrison: *Romans* (*Der Brief an die Römer*) in *The Expositors Bible Commentary* (*Des Exegeten Bibelkommentar*; Grand Rapids, Zondervan 1976), 10-112.

[4] William G.T. Shedd: *Romans* (*Der Brief an die Römer*; New York, Scribner's 1879), S. 318.

[5] B.F. Westcott: *The Epistles of St. John* (*Die Briefe des Heiligen Paulus*; Cambridge, Macmillan 1892), S. 142.

[6] W. Sanday und A.C. Headlam: *The Epistle to the Romans* (*Der Brief an die Römer*; New York, Scribner's 1895), S. 290.

[7] *New International Version Study Bible* (*NIV-Studienbibel*; Grand Rapids, Zondervan 1985), S. 1721.

Kapitel 8:

1 John MacArthur, a.a.O., S. 83.

Kapitel 9:

1 R.C. Trench: *Synonyms of the New Testament* (*Synonyme im Neuen Testament*; London, Paul 1886, S. 259.

2 Josephus: *Antiquities* (*Jüdische Altertümer*) XVIII, 5/2.

3 F.F. Bruce: *The Acts of the Apostles* (*Die Apostelgeschichte*; Chicago, Inter-Varsity 1952), S. 96.

4 J.I. Packer: *Evangelism and the Sovereignty of God* (*Evangelisation und die Unabhängigkeit Gottes*; Downers Grove, Ill., InterVarsity Press 1961), S. 72-73.

Kapitel 10:

1 K.L. Gentry: The Great Option: *A Study of the Lordship Controversy* (*Die große Möglichkeit: Eine Untersuchung der Kontroverse um den Begriff der Herrschaft*) in: *Baptist Reformation Review* Frühjahr 1976, 5-52.

2 Arthur W. Pink: *Present-Day Evangelism* (*Evangelisation heute*; Swengel, Pa., Bible Truth Depot o.J.) S. 14.

3 John MacArthur, a.a.O., Fußnote S. 243.

4 Ebd., S. 41.

5 Ebd.

6 Harris, Archer, Waltke: *Theological Wordbook of the Old Testament* (*Theologisches Wörterbuch zum Alten Testament*; Chicago, Moody 1980), 2-823.

7 Ebd., 2-546.

8 George Bush: *Notes, Critical and Practical, on the Book of Numbers* (*Kritische und praktische Anmerkungen zum 4. Buch Mose*; New York, Ivison & Phinney 1858), S. 315-317.

9 A.d.Ü.: Die Artemis der Epheser.

Kapitel 11:

1 Charles Hodge: *Commentary on the Epistle to the Romans* (*Kommentar zum Römerbrief*; Grand Rapids, Eerdmans 1967), S. 29.

2 Louis Berkhof: *Systematic Theology* (*Systematische Theologie*; Grand Rapids, Eerdmans 1941), S. 503-505.

3 Ebd., S. 505.

4 Ebd., S. 506.

5 John MacArthur, a.a.O., S. 173.

6 John Murray: *Redemption - Accomplished and Applied* (*Erlösung - vollbracht und ange wandt*; Grand Rapids, Eerdmans 1965), S. 138.

7 A.d.Ü.: oder »in«, so auch stets im Englischen.

Kapitel 12:

1 Robert M. Horn: *Go Free* (*Frei ausgehen*; Downers Grove, Ill., InterVarsity Press 1976), S. 42.

Kapitel 13:

1 Donald Guthrie: *The Pastoral Epistles* (*Die Pastoralbriefe*; Grand Rapids, Eerdmans 1957), S. 146.

2 A. Duane Litfin: *2. Timotheus* in *The Bible Knowledge Commentary* (*Kommentar des Bibelwissens*; Wheaton, Ill., Victor Books 1983), 1-748.

3 A.d.Ü.: Graecologie ist die Wissenschaft, die sich mit der Erforschung der altgriechischen Sprache befasst, in der auch das Neue Testament ursprünglich niedergeschrieben wurde.

4 Charles J. Ellicott: *The Pastoral Epistles of St. Paul* (*Die Pastoralbriefe des Heiligen Paulus*; London, Longman 1864), S. 130.

5 Robert Shank: *Life in the Son* (*Das Leben im Sohn*; Springfield, Mo., Westcott 1960).

6 John MacArthur, a.a.O., S. 172.

7 A.d.Ü.: Von griech. *aoristos* = unbegrenzt. In der altgriechischen Sprache die erzählende Zeitform der unbestimmten Vergangenheit. In der deutschen Sprache hat der Aorist keine grammatikalische Entsprechung, sondern muss aus den vorhandenen Beugungsfällen entwickelt werden.

8 R.C.H. Lenski: *The Acts of the Apostles* (*Die Apostelgeschichte*; Columbus, Wartburg 1947), S. 680-681.

Kapitel 14:

1 John Murray: *Sanctification [the Law]* (*Heiligung [Das Gesetz]*), in: *Basic Christian Doctrines* (*Grundlegende Lehren des Christentums*), hrsg. von Carl F. H. Henry (New York, Holt, Rinehart & Winston 1962), S. 229.

2 Ebd.

Exkurs:

1 Eine wertende Analyse des Lehrstreites bietet ein Script von Manfred E. Kober Th.D.: *John MacArthur: A Pastor's Dilemma or John MacArthurs Doctrinal Deviations and Ethical Expediencies (A Personal Perspective)*; Ankeny/Iowa, USA.

2 John MacArthur: *The Gospel According to Jesus*; 1. Aufl. 1988, S. 30. Deutsch: *Lampen ohne Öl,* CLV 1997, S. 26

3 Ebd., S. 131; Hervorherbung im Original. *Sine qua non* (lat.) steht für »das Unabdingbare; das, worauf unter keinen Umständen verzichtet werden kann.

4 John MacArthur: *The Parables of the Kingdom*, S. 109.

5 John MacArthur: *The Blood of Christ - Selected Scriptures*; Predigt auf Tonband, 1972.

6 John MacArthur: *The Outrage of Idolatry*; 4/1976.

7 John MacArthur: *Der Brief an die Hebräer*; Moody, Chicago 1983, S. 27.

8 John MacArthur: *The Gospel According to Jesus*; 1. Aufl. 1988, S. 75.

9 John MacArthur: *Faith Works - The Gospel According to the Apostles.*

[10] John MacArthur: *The Gospel According to Jesus*; 1. Aufl. 1988, S. 135.

[11] John MacArthur: *The Good-Natured Believer* in: *Masterpiece*; März/April 1990, S. 18.

[12] John MacArthur: *Faith Works - The Gospel According to the Apostles*, S. 116f.

[13] John MacArthur: *The Gospel According to Jesus*; 1. Aufl. 1988. Deutsch: *Lampen ohne Öl*, CLV 1997, S. 193.

[14] Ebd., S. 194.

[15] John MacArthur: *Answering the Key Questions About Elders*; S.1.

[16] Ebd., S.31.

[17] Manfred E. Kober Th.D.: *John MacArthur: A Pastor's Dilemma or John MacArthurs Doctrinal Deviations and Ethical Expediencies (A Personal Perspective)*; Ankeny/Iowa, USA, S.2.

[18] Lloyd Streeter: *The Baptist Arrow*; Bd. 2, Nr. 2, März 1993, S. 4.

[19] Manfred E. Kober, a.a.O., S. 3.

[20] Ebd.

[21] Ebd., S. 4.

[22] Zane Hodges: *Absolutely Free!*; S. 219.

[23] Ernest Pickering: *Lordship Salvation*; S. 2.

[24] Manfred E. Kober, a.a.O., S. 5.

[25] Ebd., S. 6.

[26] Ebd.

[27] Ebd., S. 6f.

[28] Ebd., S. 7.

BEDEUTUNG DER SCHLÜSSELWORTE

Adoption: Aufnahme in die Familie Gottes als erwachsenes Familienmitglied mit allen Privile gien dieser Stellung.

Beschneidung: Entfernung guter wie schlechter nutzloser Dinge aus dem Leben des Gläubigen, damit er mehr Frucht bringen kann.

Bewahrung: Glaube, dass ein Gläubiger nicht aus der Gnade fallen kann, sondern bis zum Ende seines Lebens in guten Werken verharren wird.

»Billiges« Evangelium: Die Vorstellung, dass die bloße Zustimmung zu den Tatsachen des Evangeliums allzu einfach ist und nicht retten kann ohne die gleichzeitige Entscheidung, das eigene Leben fortan Christus zu unterstellen.

Bleiben in Christus: Durch das Halten seiner Gebote im Einklang mit dem Herrn leben.

Buße: Sinneswandel über etwas oder jemand in der Weise, dass im Lebensstil des Buße Tuenden ein Wandel stattfindet.

Erlösung: Befreiung durch Entrichten eines Lösegeldes. Christi Tod befreit die Gläubigen von der Schuld und Macht der Sünde.

Erneuerung: Gott schenkt in der Wiedergeburt neues Leben dem, der an Jesus glaubt.

Errettung: Die Befreiung des Gläubigen von den Wirkungen der Sünde durch Gott in Verbindung mit allem Gewinn, den er dem Gläubigen in Zeit und Ewigkeit schenkt.

Erwählung: Gottes Wahl jener, die errettet sein werden, vor Grundlegung der Welt.

Evangelium: »Gute Nachricht«, besonders über Tod und Auferstehung Christi als Sühne der Sünden derer, die glauben.

Fleischlich: Kennzeichen eines unerlösten Lebens bei einem Ungläubigen oder bei jemand, der zwar gläubig ist, der aber wie ein nicht Erretteter lebt.

Frucht: Im Neuen Testament bedeutet Frucht Christusähnlichkeit; gute Werke, Zeugnisgeben, Lobpreisen und Geben.

Glaube: Von etwas oder jemand überzeugt sein beziehungsweise etwas oder jemanden bezeugen; im besonderen die Wahrheit des Evangeliums.

Gnade: Die unverdiente Gunst Gottes in der Hingabe seines Sohnes und aller Gewinn, der seiner Aufnahme folgt.

Heiligung: Gott sondert den Gläubigen für sich selbst aus der Masse der Menschen ab - betreffs der Stellung bei der Errettung, betreffs der Dauer durch das ganze weitere Leben und endgültig, wenn der Gläubige im Himmel in die Gegenwart Gottes tritt.

Heilsgewissheit: Die Erkenntnis oder Überzeugung, dass man durch den Glauben an Christus tatsächlich ewiges Leben besitzt.

Heilssicherheit: Die Garantie Gottes, dass sein Geschenk, die Errettung, einmal empfangen, ewig gewährt wird und nicht verloren werden kann.

Herr: Ein Höherer. Im Neuen Testament steht das Wort für Herr, Souverän, Meister, Gott, Besitzer oder Eigentümer und für Ehemann.

Jünger: Anhänger eines Lehrers und seiner Lehre. In biblischer Zeit schloss dies Nachfolge ein, diesen Lehrer überallhin zu begleiten.

Nachfolge: Training, das die Christusähnlichkeit des Gläubigen fördert.

Rechtfertigung: Eine Person für gerecht erklären. Gott tut dies für den Gläubigen, indem er ihm die Gerechtigkeit Christi beimisst. Menschen rechtfertigen andere Menschen, wenn sie ihre guten Werke sehen.

Rettung durch Herrschaft: Die Lehre, dass ein Mensch, um gerettet zu werden, nicht nur Jesus als seinem Heiland vertrauen, sondern ihn auch als den Herrn seines Lebens anerkennen muss. Das heißt, dass er sein Leben der unabhängigen Autorität Christi unterordnet (oder zumindest dazu bereit ist).

Übergabe: Mich selbst Gott zur Verfügung stellen, damit er mein Leben lenken und mich gebrauchen kann.

Verherrlichung Gottes: Gott wird verherrlicht, wenn Eigenschaften von ihm sichtbar werden.

Versöhnung: Die Abwendung von Gottes Zorn durch das Opfer Christi am Kreuz.

Vertrauen: Etwas für wahr halten.

Vorbestimmung: Gottes Plan der Bestimmung seiner Kinder, in das Bild Christi verwandelt zu werden, vor Grundlegung der Welt.

Zurechnung: Jemandem etwas zusprechen oder beimessen. Gott macht zum Beispiel den Gläubigen gerecht, indem er ihm die Gerechtigkeit Christi beimisst oder zurechnet.

BIBELSTELLENVERZEICHNIS

1. Mose
13,11 ... 116
15 ... 140
15,6 ... 139
18,25 ... 133
19,14.16 ... 116
22 ... 139

2. Mose
20,3 ... 85

3. Mose
17,11 ... 167
19,18 ... 85

4. Mose
21,4-9 ... 113
25,1-3 ... 114

5. Mose
6,5 ... 85
25,1 ... 132

Josua
2,1-21 ... 140

1. Samuel
17,42 ... 114

1. Könige
8,31-32 ... 133

Psalmen
16,8-11 ... 97
74,20 ... 114
94,9 ... 114
110 ... 97
119,6.15 ... 114

Jesaja
5,12 ... 114

Matthäus
2,8 ... 107
3,1-2 ... 39
4,17 ... 39
6,10 ... 159
7,13-14 ... 24
8,6 ... 71
9,12 ... 102
9,14 ... 107
10,1 ... 107
10,5-7 ... 39
10,33 ... 147
13,8 ... 57, 60
13,44 ... 93
16,13 ... 40

17,1 107
18,17 169
19,16-30 82
21,28-32 95
22,16 107
24,14 40
26,13 40
27,63-66 74
28,18-20 106

Markus
1,1.14-15 40
2,28 71
3,11 167
8,35 40
10,17-31 82
10,21 .... 86, 87
10,29 40
13,10 40
14,9 40
16,15 40

Lukas
2,10 40
4,43 40
6,17 107
7,29 135
9,23 23
9,61 78
14,16-33 .... 77-79, 107
14,26 86
15,10 48
18,18-30 82
19,10 102
19,11 40
19,33 71
19,37-39 107
23,50 109
24,46-47 99

Johannes
1,1-18 112-113
1,12 .... 112, 145
1,13 145
1,29 54
3,1-21 40
3,5 145
3,12.15 100
3,14 113
3,16 .... 87, 112, 129
3,36 162
4,10 .... 100, 115, 129
4,11 71
4,39.41 .... 100, 148
5,8 54
5,18 167
5,25 .... 115, 150
6,40 115
6,66 .... 87, 107
7,37-39 146
8,31 107
10,24.30.33 74
10,28-29 144
10,42 148
11,45 148
13,13-16 71
15,1-17 53-57
15,2 158

15,25 136
17,15 158
17,17 .... 158, 159
19,38 .... 107, 109
20,28 71
20,31 .... 26, 100

Apostelgeschichte
2,22-31 97
2,36 .... 72, 97
2,38 .... 97, 98
3,19 72
4,12 93
5,31 99
9,25 107
10,14 75
11,16-17 146
11,18 98
13,39 .... 84, 136
14,1 148
16,31 98
16,31 ......98, 110, 125, 148
17,30-31 99
19,1-20 116-117
20,21 100
20,32 157
22,10 75
26,18 157
26,27 128
28,19 78

Römer
1,13 53
3,11 153
3,20 84
3,21-26 .... 136-137, 143
3,26 134
4,3 148
4,4 137
4,5 .... 98, 137
4,25 .... 41, 125
5,5 146
5,12-21 .... 137, 153
5,17.19 134
6,1-10 .... 146, 159
6,3.13 76
6,7 138
6,19 158
7,14 167
7,18 61
7,25 61
8,5-9 62
8,13 159
8,17 146
8,28-30 .... 156, 159
8,30 .... 143, 155
8,33.35-39 .... 144, 145
9,16 153
9,33 129
10,8 74
10,9-10 72,74-75,98,129
10,13 129
12,1 .... 76, 166, 168
15,27 61
15,28 53

1. Korinther
1,2 .... 156, 168
1,12 65
2,12 146
3,1-3 .... 30, 63, 167
3,1-4 62-65
3,12 66
3,15 57
4,5 .... 47, 66
5,4-7 169
6,11 .... 63, 156
6,19-20 76
8,5 71
11,27-32 159
12,3 .... 72, 74, 98
12,13 146
14,26 159
15,2 41
15,3-4 .... 26, 29, 125
15,3-8 40
15,11 148
15,39 61
16,15 53

2. Korinther
1,22 146
3,18 158
5,17 150
5,19-20 153
5,21 134-135
7,1 158
7,9-11 101
10,4 61
12,7-10 55

Galater
1,6 39
1,8-9 166
3,6 148
3,26 155
4,4 153
4,5-6 155
5,16 158
5,17 .... 66, 169
5,19-24 61
5,22-23 52

Epheser
1,1-14 153
1,5 154
1,13 146
2,3 61
2,8 .... 72, 128
2,8-9 .... 99, 165
4,28 67
4,30 146
4,32 15
5,26-27 158

Philipper
1,19 93
1,22 52
2,11 73
2,13 159
4,17 53

Kolosser
1,10 52
1,29 159

1. Thessalonicher
3,6-8 39
5,18 159
5,21 162

2.Timotheus
2,11-13 146
2,24-25 10
2,25 101
4,8 133

Titus
2,11 153
3,5 145
3,14 46

Philemon
18 135

Hebräer
2,10 .... 152, 160
3,14 129
5,7 61
6,6 99
7,25 144
9,22 166
10,10.14 157
10,24-25 159
10,34 55
12,5-11 .... 55, 158
12,17 96
13,15 53

Jakobus
1,18 145
1,27 55
2,10 84
2,14-26 138-140
2,19 128-129
2,23 .... 139, 148
3,2 .... 67, 149
4,7 76
4,7-10 23
5,9 133

1. Petrus
1,2 66
1,10-11 136
1,16 157
1,19-20 152
1,23 145
3,6 71
4,12-16 55
4,14-16 67-68
5,10-11 160
5,12 66

2. Petrus
1,5-7 57
1,5-8 52
1,8 46
2,1 93
2,7 .... 116, 168
3,9 99

1. Johannes
2,1-2 146
2,3.9-11.29 150
2,16 61
3,1-3 157
3,9.14 150
3,24 56
4,3 74
5,1.13 150

2. Johannes
8 57

Judas
24 .... 144, 157

Offenbarung
2,5.21-22 102
3,3.19 102
12,10 144
22,17 129

STICHWORTVERZEICHNIS

Abraham 139,148
Adoption 154, 155
Agrippa 128
Armut 85
Arndt und Gingrich 30
Auftrag (der große) 99, 106
Bavinck, Herman 63
Berkhof, Louis 125, 126
Bewahrung 142, 143
Billige Gnade 17
Bleiben in Christus 56
Blenkin, G.W. 67
Bruce, F.F. 98
Bush, George 114
Buße 39, 72, 91-103
Calvin, Johannes 33, 63
Clark, Gordon 21
Dämonen 124, 128, 167
Ellicott, C.J. 147
Entscheidung zur Errettung 29, 73
Ephesus (Gläubige in) 100, 102, 116, 117
Erneuerung 103
Erwählung 153, 154, 159
Evangelium (Begriffsdefinition) 38
Evangelium (falsche Darstellungen) 22-26
Evangelien (andere) 38-41
Fleischlichkeit (Begriffsbestimmung) 60, 61
Fleischliche Christen 31, 62
Gebet 56

Gentry, K.L. 111
Gerechtigkeit (Geschenk der) 140
Glaube (Begriffsdefinition) 29, 30
Glaube (Beschreibung) 52, 53
Glaube und Rettung durch den Herrn . 29-30, 111, 126, 148
Glaube und Umkehr 101
Gnade (Begriffsdefinition) 17
Guthrie, Donald 147
Harris, Archer, Waltke 114
Harrison, E.F. 72
Heiligung 156-160
Heilsgewissheit 148-150
Herr 71-73, 110
Herrschaftliche Sicht 112-115
Hodge, Charles 125-127
Horn, Robert 138
Jorgenson, Gene 72
Josephus 95
Jüngerschaft 78, 107-109
Kerkermeister zu Philippi 110, 148
Lenski, R.C.H. 148
Lightfoot, J.B. 63,64
Litfin, A. Duane 147
Lösegeld für Satan 33
Lot 116, 168
MacArthur, John 7, 126, 162, 161-169
Mueller, Marc 72
Murray, John 126, 157, 158
Nachfolge 49, 79, 162
Nikodemus 100
Packer, J.I. 99, 162
Pentecost, J.D. 55
Pink, Arthur W. 111
Polkinghorne, G.J. 67

Rahab 139, 140
Rechtfertigung (Begriffsdefinition) 132
Rechtfertigung und Heiligung 157, 158
Reichtümer 88
Rienecker, Fritz 62, 63
Robertson, A.T. 67
Ryle, J.C. 68
Samaritische Frau am Jakobsbrunnen 71, 115
Sanday und Headlam 74
Semantik 20-25
Shedd, W.G.T. 73-74
Sicherheit 142-150
Siegel des Heiligen Geistes 146
Sprache (Zweck) 21
Sterbebett (Gespräche am) 46
Taufe im Heiligen Geist 146
Taufe im Wasser 25, 106
Trench, R.C. 95
Westcott, B.F. 74
Zuversicht 124